KB133978

대한민국

# 배달 장사 의 정석

# 대한민국 배달 장사의 정석

초판 1쇄 인쇄 ㅣ 2021년 7월 27일
초판 2쇄 발행 ㅣ 2023년 2월 10일

지은이 ㅣ 지현우, 정진수
발행인 ㅣ 고석현

발행처 ㅣ ㈜한올엠앤씨
등　록 ㅣ 2011년 5월 14일

편　집 ㅣ 최민석
마케팅 ㅣ 소재범
디자인 ㅣ 전종균

주　소 ㅣ 경기도 파주시 심학산로12, 4층
전　화 ㅣ 031-839-6805(마케팅), 031-839-6814(편집)
팩　스 ㅣ 031-839-6828
이메일 ㅣ booksonwed@gmail.com

* 책읽는수요일, 라이프맵, 비즈니스맵, 생각연구소, 지식갤러리, 스타일북스는 ㈜한올엠앤씨의
  브랜드입니다.

대한민국

[ 언택트 시대를 살아가는 자영업자들의 필독서 ]

# 배달 장사의 정석

지현우 · 정진수 지음

비즈니스맵

# 목차

## Chapter 1

# 장사의 본질과
# 자영업 시장의 변화

## Chapter 2

# 배달 장사 시작하기

## Chapter 3
# 배달 장사의 매출과 수익

**Chapter 6**

# 배달 장사 필승 마케팅 전략

# 서문 1

2020년은 '코로나-19'라는 전염병이 지구를 삼켜버린 한 해였다. 전 세계 사람들의 생활 습관을 바꿀 정도로 이 전염병의 여파는 강력했다. 코로나가 극심해지며, 우리는 마스크 없이 살아갈 수 없게 되었다. 그러면서 대면(컨택트)에서 비대면(언택트)으로 생활 습관뿐만 아니라 소비 습관까지 변화했다. 이 변화는 소비 시장에도 큰 변화를 몰고 왔다. 소비 인구의 80% 정도가 오프라인 가게 이용을 의도치 않게 외부 위험 요인으로 인식해 외면하게 되는 상황이 벌어지면서 오프라인 위주로 장사하는 사람들의 생계가 무너지게 되었다.

그 인구가 언택트 소비 시장의 한 부분인 배달 시장으로 유입되는 진풍경을 심각한 변화 속에서 지켜봐야 했다. 이러한 변화의 소용돌이 속에서 배달 대행 서비스를 유기적으로 사업에 접목해 새로운 수익 창출 방안을 찾아낸 이들은 생존을 넘어 발전과 호황의 길로 들어서고 있음을 우리는 분명히 보고 있다.

2021년 우리는 코로나-19를 막을 백신의 보급으로 다시 예전의 삶으로 돌아갈 수 있다는 희망을 품고 새해를 맞이했다. 그러나 이미 소비자들은 배달 서비스가 편리하다는 것을 학습하게 되었다. 그리고 코로나-19와 같은 바이러스뿐만 아니라 다른 외부 요인으로 인해 오프라인 소비 시장은 또다시 위협받을 수 있음을 자영업계에서는 몸소 체감하고 있다. 그러면서 배달 시장은 무시할 수 없을 만큼 몸집이 커졌다.

약 8, 9년 전 김봉진 대표가 길거리에 굴러다니는 배달 전단 종이를 수집하여 분석하며, '배달의민족'이라는 애플리케이션을 만들면서 배달 시장은 패러다임의 전환을 맞이하게 되었다. 그 이후 다른 배달 애플리케이션들이 속속 등장하며 경쟁을 가속화하고 급속도로 발달해, 배달 산업은 매년 상상하지 못할 수준으로 성장하였다. 이제 '배달'은 일상생활에 없어서는 안 될 만큼 필수 요소가 되었다. 2019년 말에 발생한 코로나-19는 이러한 배달 산업 발전의 기점이 된 셈이다.

그야말로 배달을 모르는 자영업자는 도태될 수밖에 없는 세상이 되었다. 진일보한 기술을 받아들여 활용할 발상의 전환과 행동 없이는 살아남을 수 없다.

소비 패턴에 변화를 주는 것은 쉽지 않다. 고정관념이나 규제 등 커다란 벽이 세워져 있어 생각보다 그러한 도전은 원활하지 않다. 배달 대행 사업도 처음 자영업 시장에 진입했을 때 마찬가지였다. 높은 진입 장벽으로 사업을 펼치는 게 수월하지 않았다. 그러나 역설적이게도 코로나-19로 인한 팬데믹 상황은 배달의민족 김봉진 대표가 꿈꾸던 소비 패턴 변화를 급속도로 가속했다. 그가 불러일으킨 패러다임은 쓰나미처럼 큰 파도가 되어 시장을 휩쓸었다. 그는 이를 직접 최전선에 서서 두 팔 벌려 맞이하고 있다.

이 책은 절대 장사를 추천하는 책이 아니다. 어쩔 수 없이 자영업에 내몰린 '어쩌다 사장님들', 매장 장사를 하다가 배달 장사에 느닷없이 뛰어들 수밖에 없게 되어 어려움에 부닥친 사장님들에게 조금이나마 도움을 주려는 책이다. 배달 장사를 하지 않을 수 없는 현 상황에서 작은 조언이라도 건네려는 책이다.

이 책은 2020년부터 기획하였고, 최근의 배달 시장 상황까지 반영하여 출간하였다. 이미 '배달 장사'를 시작해 성공 궤도에 오른 사장님들이 느낀 점을 반영해 새로운 판매 채널을 구축하는 데 개선된 점을 반영하여 도움을 줄 수 있다는 점에서 이 책의 출간이 늦지 않았다고 생각한다.

물론 이 책 한 권으로 배달 시장에 통달한 전문가가 될 수는 없다. 하지만 이미 장사를 영위 중인 사장님들이 지금까지 해온 장사법을 점검하고 잘못된 방법을 바로잡는 데 도움을 줄 뿐만 아니라, 예비 창업자들이 기본 지식을 익히는 데에는 이 책을 읽는 것만으로도 충분하다고 자신한다.

이 책이 전국의 모든 자영업자에게 코로나-19가 불러온 피해의 직격탄을 막아줄 방패가 될 뿐만 아니라 새로운 무기가 되어주기를 희망한다.

**지현우**

# 서문 2

SNS 강사로 약 십여 권의 책을 집필했지만, 장사 관련 책을 써보는 건 처음이다. SNS 강사로 독보적인 활동을 하고 있지만, 장사를 잘 모르면서 무슨 자격으로 장사에 관해 이야기하느냐고 말할 수도 있겠다. 하지만 나는 남들이 생각하는 것보다 장사를 많이 해보았고, 지금도 계속 공부하고 있다.

2015년에 오픈한 '홍콩비어'라는 술집부터 '감성피자', '피자래빗', '마님온', '커피디지 연신내점'까지 여러 개의 브랜드와 매장을 운영해보았거나 현재도 운영 중이다. 수많은 부침과 성공의 굴곡에서 좌절하고 희망을 품었다. 그런데 장사 실패는 좌절만 안겨준 것은 아니다. 실제 장사 운영에 직접적인 도움이 되는 노하우를 몸으로 익히도록 했고, 한 단계 발전하도록 하는 밑거름이 되어주었다. 이렇게 다양한 종류의 외식 업체를 운영하며 내가 겪은 부침을 다른 이는 겪지 않길 진심으로 바라며, 이 책을 집필하게 되었다.

나는 장사를 시작하면서 누군가에게 배울 수 없었다. 그때는 유튜브에 장사 관련 콘텐츠가 다양하지 않았고, 책도 많이 나와 있지 않왔다. 그리고 주변 사람들도 잘 알려주지 않았다. 장사가 잘되는 이는 잘돼서 바쁘거나 비법이라는 이유로 물어보기 어려웠고, 안되는 이는 안되는 대로 조심스러워서 물어볼 수 없었다. 그래도 정말 막막하고 어려울 때는 작은 조언 하나도 정말 큰 도움이 되었을 뿐만 아니라, 희망으로 다가왔다. 도움을 받는다는 생각만으로도 어려움을 헤쳐나갈 힘이 되어주었다.

배달 장사 관련한 책은 아직 많지 않다. 그만큼 자영업 시장이 어렵다는 방증이 아닌가 생각한다. 이 책이 기폭제가 되어 좋은 책들이 더 출간되고 더 많은 사람이 도움받기를 바란다. 그렇게 더 많은 예비 창업자가 정말 신중하게 준비하고 대비한 후 창업해 성공의 기쁨을 누렸으면 좋겠다.

장사에는 정답도 없고, 왕도도 없다. 하지만 가지 말아야 할 길은 있다. 이 책이 부디 조금이나마 길잡이가 되기를 바란다.

**정진수**

## Chapter 1

# 장사의 본질과
# 자영업 시장의 변화

# 나의 장사 이야기

## 지현우 대표의 장사 이야기

2014년 10월이었다. 반도체 장비 회사에 다니면서 먼저 배달 장사에 입문한 친구의 가게를 보증금 500만 원, 권리금 2,000만 원, 총 2,500만 원에 양도받았다. 월 매출 약 1,000만 원 정도 나오던 가게였는데, 가게 집기가 다 노후화되었고 냉장고는 녹슬어서 그대로 쓸 수 있는 상태가 아니었다. 가게 건물도 약 20년이 넘었거나 20년 가까이 된 데다가, 여기저기에서 바퀴벌레와 생쥐가 나올 만큼 정말 허름했다. 처음 양수한 후 위생 환경을 개선하려고 해충 방역 업체를 부르는 등 가게를 살리려고 엄청나게 노력했다.

그러나 그게 끝이 아니었다. 양도받은 후 가게를 더 꼼꼼히 살펴보니 총체적 난국이 펼쳐졌다. 가게를 양도받을 때만 해도 멀쩡하게 돌아가던 가스는 진단을 받아보니 처음 운영하시던 사장님께서 정식으로 공사하고 신고하지 않아서 공사를 다시 해야 했고, 함께 양도받은 오토바이는 엔진에 문제가 있는 상태였다. 물론 가게를 양도해준 사람이 지인이었기에 추후 발생한 문제에 관해 어느 정도 보상해주면서 피해를 최대한 절감시켜주었다. 그런데 만약 가게를 양도해준 사람이 지인이 아니라 생판 모르는 남이었다면, 모든 피해를 고스란히 내가 다 부담해야 할 최악의 상황을 맞이할 뻔했다(양도양수 시 벌어지는 이슈에 대해서는 계약 전에 다 명기하지 않았을 경우, 양수인이 모든 비용을 떠안아야 하는 경우가 대부분이다).

2014년 10월은 '배달의민족'(이하 '배민'이라는 용어 병용)이 지역 담당자를 통해 '배달의민족 울트라콜'을 영업 시작하던 시기였다. 필자는 그 시기를 잘 타서 그런지는 몰라도 이제는 배달의민족과 약 7~8년을 함께하며, 배달 애플리케이션 업체와 함께 수익을 만들어가는 위치가 되었다. 그 당시 지역 홍보 책자만으로 400~500콜(약 1,000만 원) 정도 매출을 올렸는데, 배달의민족 앱을 이용하며 영업 채널을 늘리면서 양수한 지 첫 달 만에 약 1,500만 원 이상 매출을 더 올려서 2,500만 원 매출을 바로 성취해 보였다. 그때 앞으로 배달 애플리케이션 시장이 대박 치겠다고 생각했다. 그래서 책자 광고를 줄이고 모든 비용을 배달의민족 광고에 투자하기 시작했다.

매출 대부분을 지역에서 올리는 사장님들은 나를 보고 미쳤다고 했다. 다들 그럴 돈 있으면 책자에나 광고 한 장 더 태우지, 왜 그런 멍청한 짓을 하느냐고 조롱하기 일쑤였다.

그런데 2015년도부터 매스컴에 대대적으로 광고를 띄우면서 배달의민족은 한 단계 도약하였다. 독자들도 '우리가 무슨 민족입니까?'라는 광고 문구를 기억할 것이다. 그로 인해 배달 장사는 2가지 유형으로 나뉘게 되었다. 배달의민족을 이용하는 가게와 이용하지 않는 가게. 필자는 배달의민족과 '나는 ○○의 떡볶이다'란 브랜드와의 만남을 통해서 SHOP IN SHOP 개념을 그 누구보다 빠르게 접하게 되었다. 가게 인도받은 지 약 1년이 되는 시점에는 가게의 한 달 매출을 약 4,000만 원 이상 올리는 쾌거를 이루게 되었다. 그 당시 손편지와 맛있는 추로스를 추가로 증정하는 등 서비스에 많은 신경을 썼다. 안양에서는 모르는 자영업자가 없을 만큼 배달 장사에서만큼은 전성기를 맞이했다.

하지만 달콤한 사탕 뒤에 텁텁함이 찾아오듯 인생에는 좋은 일이 영원하지 않다. 장사가 잘되자 가맹 문의가 많이 들어와 밖으로 돌아다니게 될 일이 많았다. 그렇게 사업은 번창하는 듯했다. 그러나 직원들은 그렇지 않았다. 갈수록 힘들어했고, 결국 다수가 이탈했다. 그러면서 가맹 사업도 가게도 다 무너졌다. 인생의 제일 큰 시련을 맞이하게 된 것이다. 그리고 결국 매출이 잘 나오던 그 가게를 매각할 수밖에 없었다.

나는 그대로 무너지지는 않았다. 곧 경기도 군포에 있는 새 가게를 인수했다. '돈까○○'이란 가게였는데, 보증금 1,000만 원에 월세 50만 원, 권리금 1,500만 원에 계약했다. 그런데 가게를 인수하면서 함께하기로 했던 직원 중 한 명은 원래 하던 것보다 힘들어 몸에 지병이 생기며 이별하게 되었다. 나머지 한 명은 가게 초기부터 믿고 지내던 친구 같은 존재였는데, 야밤에 가게 금고를 탈탈 털어 도망갔다. 졸지에 가게에 나 혼자 남게 되었다. 그런 큰일들을 겪고 나니 월 매출 5,000~6,000만 원까지 찍고 가맹 사업도 하던 당당한 나의 모습은 사라졌다. 튀김 기름 냄새만 진동하는 매출 평범한 가게의 장사꾼이 되어버렸다. 시련은 중첩해서 온다고 했던가, 스트레스와 힘든 노동으로 척추 신경이 눌리면서 왼쪽 다리에 신경마비가 왔다. 다리를 절고 똑바로 걷지도, 서지도 못하게 되었다. 이런 상황까지 겹치면서 인생의 바닥을 경험하게 되었다. 너무나 비참하고 참담했다.

방황하는 나의 모습을 거정스레 바라보는 가족과 친구들의 시선도 개의치 않고 그냥 멍하니 튀김기 앞에 서서 돈가스만 연일 튀겼다. 그러다 문득 이런 생각이 들었다. '어차피 사업이라는 건 사장인 내가 중심에 서서 스스로 헤쳐나가야 하는 건데, 사업이 어렵고 믿었던 사람이 떠났다고 하여 그저 주저앉을 수는 없지 않은가?'

그렇다. 내가 사람들에게 받은 상처로 인하여 도전을 포기할 거라면, 정리하는 것이 맞는다고 생각했다. 하지만 이 길을 계속 가야 한다면 나 스스로가 변해야 했다.

사업이 추락하니 누가 아군이고 그리고 누가 적군인지 보이기 시작했다. 인생의 밑바닥으로 추락했다고 생각했던 나의 이 우매한 생각들은 약해진 나의 영혼을 갉아먹는 아귀 같은 존재로, 나를 옭아매고 있음을 깨닫게 되었다. 다시 초심으로 돌아가려고 처음부터 하나씩 준비했고 새 출발을 위한 원동력을 찾기 위해 애썼다.

하늘은 스스로 돕는 자를 돕는다고 했던가? 다행히 이 시기에 좋은 사람들을 만났다. 그 사람들을 통해 다시 한번 날 수 있는 재기의 희망을 품게 되었고, 내 인생은 새 출발을 시작했다. 그 두 명은 나를 다시 숨 쉬게 해주었고, 현재 '감동까스'가 지금까지 버티고 성장하게 해준 고마운 인물들이다.

직원이 도망간 걸 처음 알았을 때, 나는 그 이유를 알 수 없었다. '왜? 무엇이 힘들었을까?' 그러나 이유는 멀지 않은 곳에 있었다. 그 당시 모든 일을 직접 손으로 하도록 했다. 소스 제조만 해도 그랬다. 하루에 6~8시간씩 직접 뜨거운 불 곁에서 소스를 끓여야 했다. 모든 작업이 수제로 이뤄지면서 일하는 데 기존 가게보다 두 배 이상 힘들어졌다는 걸 인지했다. 나는 빠르게 대책을 세워야 했다.

그 길로 우리나라에서 소스를 잘 만든다고 알려진 업체들을 수소문했다. 그렇게 '○○푸드'라는 업체와 연이 닿았다. 당시 '○○푸드' 이사님은 "물류 창고가 없는 매장이나 일반 개인 점포에는 소스를 납품하지 않습니다"라고 말씀하시며 거래 불가를 통보했다. 그러나 나는 포기하지 않고 간곡하게 부탁했다.

"6개월 안에 물류 세팅도 하고 가맹점도 끌어올 테니 꼭 도와주세요"라고 사정했다. 그간의 사업 이야기와 어렵게 견뎌온 사정, 왜 '○○푸드'의 소스가 현재 절실한지 진심으로 이야기했다. 나의 이야기를 듣고 검토한 후 '○○푸드' 이사님은 그런 노력에 감복하시고, 도와주기로 해주셨다. 단순 협력도 아니고 적극적으로 밀어줄 테니 한번 사업을 잘 일구어보라고 말씀해주셨다. 덕분에 소스 OEM(주문 생산 방식)이란 걸 처음 도입하게 되었다. 이는 사업의 커다란 원동력이 되어주었고, 성장을 이끄는 데 중요한 요소로 자리 잡았다.

돈가스 장사를 하던 당시 돈가스도 돈가스지만, 우리가 제조한 냉메밀 육수가 맛있다고 소문났다. 그리고 새로운 아이템을 개발하고 싶어서 '맛있어서○○'(삼겹살 요리)라는 브랜드를 만들었다. 그런 과정에 네이버 커뮤니티 '닭○카페'란 곳을 알게 되었다. 그곳에서 알게 된 사정이 어려운 사장님들을 가게 창고에 모아 배달 대행 애플리케이션 이용법 강의를 무료로 진행했다. 그때 도와줘야 할 사장님이 이렇게 많은 줄 알게 되었다.

어설픈 내 강의에 호응하고 용기를 준 사장님들과 의미 있는 사업을 하고 싶다는 마음이 들었다. 그래서 함께 초보 사장 교육 사업을 시작하기로 했다. 처음에 강의했을 때는 4~5명밖에 참석하지 않았는데, 점차 늘어나면서 20명 정도로 규모가 늘었다. 3, 4평밖에 되지 않았던 가게 창고는 장사를 배우려는 사장님들의 열기와 열정으로 가득했다.

그때부터 장사에 고충을 겪는 사장님들이 있는 곳이라면 어디든 달려갔으며, 시간과 관계없이 만나고 다녔다.

양질의 교육 커리큘럼을 만들기 위해 노력했다. 더 많은 이가 나와 같은 실수로 실패를 겪지 않기를 바라는 마음에서 도움을 주고 싶었다. 이러한 과정을 거치며 자신감이 붙었고, 척추 신경이 눌려 움직이기 힘들었던 내 다리는 점차 나아지기 시작했다. 아직 통증이 완전히 가시지는 않았지만, 거의 티 나지 않을 정도로 잘 걷고 뛸 수 있게 되었고 지금은 문제없이 지내고 있다.

2018년 3월, 나는 브랜드 이름 공모를 통해 '돈까○○'에서 '감동까스'란 이름으로 상호를 변경했다. 그리고 기존에 운영하던 군포 직영점을 아는 분에게 저렴하게 넘기고, 본격적으로 프랜차이즈 사업을 추진했다. 가맹점 30개까지는 가맹비와 교육비를 무료로 하며, 힘들게 가게를 운영하는 점주들을 도와준다는 신념으로 다가갔다. 기존에 하루 매출 10만 원 안팎이었던 매장들을 교육 종료와 함께 매출 100만 원대까지 진입하도록 도와주며, 수많은 가맹 문의와 관심을 받게 되었다. 그렇게 다시 내 인생에 상승곡선의 시작점을 그리는 듯했다.

그런데 또 인생은 좋게만 흘러갈 수 없는 걸까? 물류 업체를 소개해주며 같이 일을 봐주기로 한 분이 갑자기 일을 못 도와주겠다며 돌아섰다. 게다가 소개해준 물류 업체에 나와 일하지 않았으면 좋겠다고 압박을 넣기 시작했다.

다행히 물류 업체인 ㈜제○ 경산 물류센터 대표님은 모든 일은 공정하게 흘러가야 한다며, 파트너의 입김에 아랑곳하지 않고 우리 손을 잡아 주었다. 안정적인 물류 시스템 정착은 프랜차이즈 사업의 핵심 중에서도 핵심인데 다행스럽게 협력이 잘 유지되었다.

중요한 소스와 물류 문제를 마무리 지었으니, 그다음으로 우리와 함께할 돈가스 생산 공장을 찾아야 했다. 그 당시 가맹점이 두어 개밖에 없던 나에게 흔쾌히 손을 내밀어 주는 회사가 있을 리 만무했다. 돈가스를 각 업장에서 수제로 작업해야 한다는 건 과거에 짊어졌던 폭탄을 다시 떠안는 일이기에 돈가스 제조 업체 찾는 일 또한 성공하는 데 있어 큰 과제였다. 정말 많이 수소문했으며, 직접 여러 업체를 방문해 발품을 팔며 알아보고 다녔다.

마침내 한 업체를 만나게 되었다. 이 업체도 고맙게도 나의 제안을 받아들여 주었다. 주문량이 처음에는 많지 않음을 알기에 주눅이 들어 소심한 나에게 오히려 용기를 주었다. 꼭 같이 한번 잘해보자고 하면서 나의 손을 잡아 주었다. 젊음과 패기만 있으면 못 할 것이 없다면서 나에게 용기를 주었고, 꼭 성공할 수 있다고 격려를 아끼지 않았다. 그 업체는 하○○푸드시스템이다. 대표님은 늘 '감동까스'가 성공해야 '하○○푸드시스템'도 성장할 수 있다는 동반 성장론을 이야기해주신다. 여전히 성남에서 경산까지 직접 물류 차를 이용해 납품해 주는 고마운 업체다.

마침내 나는 물류, 소스, 돈가스 모두를 아우르는 공정 시스템을 구축했다. 사람은 힘들 때 손을 내밀어 준 사람을 잊어서는 안 된다. 어려운 시기에 손을 잡아 준 이 업체들과는 앞으로도 좋은 관계를 유지하여 동반 성장을 기치로, 서로 이해하며 상생하는 길을 같이 걸을 것이다.

처음 프랜차이즈 사업을 시작했을 때 나는 빈털터리였다. 보증금 100만 원에 20만 원짜리 월세방에 살면서 '나는 할 수 있다'라는 꿈 하나로 이 악물고 버텼던 시기를 겨우 이겨냈다. 이처럼 힘들 때 도와준 업체와의 우정과 의리는 절대 버리면 안 된다고 생각했다. 그 우정과 의리는 단순히 사업 관계를 넘어서 그 이상으로 가치 있는 것이다.

2018년, 정말 힘들었던 시기였다. 자금이 부족하여 대리운전하면서 버티기도 했다. 조그마한 반지하 방을 근거지로 삼아 '성공할 수 있다'라는 막연한 생각 하나로, 우리는 여기까지 왔다. 나는 눈물 젖은 빵은 아니지만 다 불어터진 짜장면은 수없이 먹어봤고, 지하에서 마시는 공기가 지상의 공기랑 얼마나 다른지 알고 있다. 이처럼 힘든 시기를 너무 많이 겪어서 지금도 돈이 넉넉한 점주들보다 사정이 어려운 점주들을 먼저 만나려고 한다. 어려웠던 나의 옛 시절을 생각하며, 적극적으로 도와주고 있다. 그분들이 처한 상황 대부분은 내가 과거에 겪었던 일들과 다르지 않다. 그래서 경험을 통해 배운 것들을 잘 나눠준다면, 분명히 현재 겪는 문제들을 개선할 수 있다고 믿는다. 이 책도 그러한 목적의 하나다.

프랜차이즈 업체의 광고들을 보면, 제일 많이 하는 헛소리가 있다.
'억대 연봉 보장! 당신도 대박 날 수 있습니다!'

자영업은 완벽하게 자본주의 원리에서 바라봐야 한다. 돈을 버는 사장은 20%뿐이다. 반대로, 못 버는 사장이 80%라는 이야기이다. 그중에서도 '대박집'이라고 불리는 가게를 운영하는 사장은 전체의 약 1% 정도밖에 안 된다. 과연 여러분은 그 1% 안에 진입할 수 있을까?

예산이 부족한 점주들이 배달 장사를 많이 선택한다. 하지만 배달 장사가 오히려 홀 장사보다 더 힘들다는 것을 알아야 한다. 필자는 매장 가맹 상담할 때 항상 먼저 몇 가지를 묻고 이야기한다. 특히 신규 창업인지 업종 변경인지를 묻고, 신규 창업이라고 하면 일단 장사 생각은 접어두고 지금 하는 일을 어떻게든 더 버티고 유지하라고 권유한다. 장사하겠다는 생각 자체를 한 번 더 짚어보라는 의미에서다. 장사는 절대 다른 어떤 일보다 쉽지 않다.

상사의 의미를 이야기하기 전에 나의 장사 연대기를 통해 장사하는 이의 삶이 얼마나 파란만장한지 느끼도록 하려고 생각나는 대로 이야기해봤다. 나의 이야기는 앞으로 겪을 여러분의 이야기이기도 하다. 어쩌면 이미 내가 겪은 어려움을 겪고 있는 분이 이 글을 읽고 있는지도 모르겠다. 그런 분들에게 내 이야기가 동병상련의 위로와 희망을 주었기를 바란다.

앞서 이야기한 나의 험난한 장사 연대기처럼 장사라는 건 너무나 힘든 일이다. 장사가 얼마나 어려운 일인지 알아야 장사를 쉽게 생각하지 않을 것이다. 그것은 글을 통해 알기는 쉽지 않다. 직접 경험해야만 제대로 알 수 있다. 그래도 한번 해보겠다고 마음먹은 이상 자신의 모든 것을 걸고 최선을 다하기를 응원한다.

힘들게 버텨낸 누군가의 인생 곡선에 앞으로 다가올 자신의 인생 곡선을 겹쳐 보기를 바란다. 그러면서 장사의 의미와 목적, 자영업을 해야만 하는 이유를 생각해보자. 그 모든 것이 명확해야 주저앉지 않고 버틸 수 있다. 이제 자신의 인생 곡선에서 과거와 현재, 미래를 이어 그려보자.

미래의 나는 자영업자로서 성공해 있을까? 쉽지 않지만, 분명히 길은 있다.

## 정진수 대표의 장사 이야기

지금으로부터 6년 전 2015년도에 '홍콩비어'라는 술집을 안양에 창업하면서 나의 장사 연대기는 시작되었다. 그 당시에 스몰비어 열풍이 불었다. '봉구○○'로 대표한 소규모 맥주집들이 인기를 끌었다. 나는 중식+스몰비어라는 새로운 콘셉트로 깐풍기, 유린기, 백짬뽕 등의 중국 음식과 맥주를 함께 즐기는 '중식 비어'라는 새로운 영역의 음식을 만들어서 가게를 열었고, 당시에는 장사가 그럭저럭 잘되었다.

[ 자료 1-1 ] '홍콩비어' 외관과 내부 모습

하지만 나의 첫 장사는 결론적으로 실패로 끝나버렸다. 실패의 원인에는 몇 가지가 있다. 첫 번째, 장사를 처음 하다 보니 모르는 것이 너무나 많았다. 사업자 등록하는 것부터 수도니 전기니 각종 공사 관련한 지식뿐만 아니라 단순히 계약서 쓰는 법까지 아무것도 몰랐다. 순수했던 때라 사람들 말만 듣고 대부분 그저 일반적이라고 하는 정도로 진행했다. 문제는 거기에서 발생했다.

'매장 불법 증축'이라는 문제가 발생했고, 연이어 문제가 터졌다. 결국, 영업하기 어려운 지경까지 이르렀다. 그러나 여러 분야에서 '일반적'이라고 내게 알려준 사람들은 아무도 책임지지 않았다. 화가 난 나는 영업을 정지하고, 소개한 부동산과 건물주를 상대로 소송을 진행했다. 하지만 계약서 내용이 나에게 불리하게 되어있는 것을 그제야 알았다. 모르는 것은 약이 아니라 처참한 피해로 돌아온다는 것을 그때 뼈저리게 깨닫게 되었다.

지금 생각해보면, 문제는 그것뿐만이 아니었던 것 같다. 매장을 운영하면서 간절함이 많이 부족했던 것을 인정할 수밖에 없다. 당시 나는 강사로 자리를 잡은 상태였다. 하루에 두세 시간 정도 강의하면 2명이 12시간을 영업하는 매장보다 하루 매출이 더 높게 나오다 보니, 매장 매출을 상대적으로 작게 여겼던 것 같다. 그런 상황이니 간절함이 생기지 않는 것은 너무나 당연했다.

또한, 나는 지나치게 매장 운영을 장사가 아니라 사업의 관점으로 바라보았다. 일반 사업과 장사는 다른 시각을 가져야 한다. 장사라는 관점에서 기본적인 손익을 철저히 계산하고 단돈 100원, 200원도 아끼고 따질 줄 알아야 했는데, 그러지 못했다. 사업이라는 관점에서 투자해야 한다고만 생각하고, 사람을 남기려고만 했다. 실패해서 폐업하면 다 의미 없는 것임을 그때는 잘 몰랐다.

홍콩비어 창업 비용은 1억 원, 내가 가진 현금 전부였다. 사업 초기라서 돈에 관한 개념이 잡혀있지 않은 시기라 빚을 내는 게 싫었다. 얼마나 싫었던지 왜 빚을 내면서까지 장사를 해야 하는지 잘 몰랐다. 그렇게 내가 가진 현금 전부를 다 투자해서 술집을 창업했었다.

내가 가진 전부를 쏟아 창업한 매장을 폐업하게 된 현실을, 그리고 강사로 승승장구하던 내가 이렇게 실패하게 된 상황을 처음에는 내 탓이라고 인정하기가 어려웠다. 나는 이런 매장을 계약하도록 교묘하게 이야기한 부동산과 건물주를 탓하게 되었다. 많은 변호사가 이기기 어렵다고 하는데도 너무 화가 나고, 자존심도 상했던 터라 알면서도 2차 항소까지 갔다. 물론 패소했다.

최종 패소하면서 다시는 내 인생에 '외식업'이라는 단어는 없을 것만 같았다. 하지만 이후 2020년, 다시 '감성피자'라는 배달 브랜드로 피자집을 창업했다. 술집을 운영했을 때랑은 달랐다. 이미 5년이 지났고, 나는 사업적으로 많이 성장했다. 넓은 시야를 보는 눈도 생겼고, 주변에 좋은 인맥도 생겼기에 다시 한번 도전해봐도 좋다는 생각이 들어 바로 실행에 옮겼다. 결과부터 이야기하면, '감성피자'라는 매장도 결국 폐업했다.

너무 저렴함에 맞춰 레시피를 만들었더니 근본적으로 피자가 맛이 없었고, 트렌드를 따라잡지 못했다. 문제를 해결하기 위해 감성피자에서 '피자래빗'이라는 브랜드로 바꾸고 제대로 다시 브랜딩했다. 전체적으로 디자인을 다시 잡았고, 맛을 해결하기 위해 노력했다. 그리고 전국 약 500여 개 가맹점을 보유한, 이름을 대면 누구나 알 만한 프랜차이즈 대표님에게 도움을 받아 맛을 업그레이드하는 데 성공했다. 그렇게 문제점을 하나씩 해결하고, 매출도 올라가는 듯했다.

[ 자료 1-2 ] '감성피자'와 '피자래빗' 간판

하지만 코로나-19가 터지고 주변에 경쟁 업체들이 우후죽순으로 생기기 시작했다. 업체가 많아지다 보니 배달도 느려지고, 대행 수수료부터 마케팅 비용까지 나가는 돈이 늘어났다. 또한, 오토 매장이다 보니 한계가 있었다. 그리고 부끄럽지만, 나는 피자집 사장이면서 피자를 만들지 못했다. 못했다기보다, 아예 배우려고도 하지 않았다는 게 맞겠다. 핑계를 대려면 끝없이 댈 수 있을 것 같다. 늘 강의로 스케줄이 빼곡했고 마이너스 나는 매장 수익을 메꾸려면 돈이 필요했다. 나는 다른 곳에서 열심히 일했다. 그런 변명을 근거로 내 책임을 다했다고도 이야기하고 싶었다. 그러나 지금 생각해보니 다 핑계일 뿐이다.

매장을 운영하며, 나는 내가 잘하는 온라인 마케팅을 배달 장사에 접목하고 싶었다. 하지만 배달 장사 온라인 마케팅은 완전히 새로운 방향이 필요했다. 나는 '배달의민족'이 운영하는 '배민아카데미'에서 SNS 강의 등을 하며 온라인 마케팅 분야에서는 많은 사람에게 인정을 받았지만, 장사(배달)와는 본질적으로 다른 면에서였다. 배달의민족, 요기요 등 주문 중개 플랫폼을 중심으로 배달 장사 마케팅은 다시 공부해야 했고, 연구해야 했다. 단골 관리, 전단 활용 등 기본적인 장사법을 공부해야 했다.

나는 그렇게 두 번째로, 창업에 실패했다. 이렇게 실패만 했으면 사실 이 책을 쓰지 않았을 것이다. 그렇게 두 번 폐업을 경험했음에도 불구하고, 나는 그 실패들을 교훈 삼아 다시 매장을 오픈했다. 이번에는 커피숍이었다. 하나는 안양 비산동에 있는 80평 규모의 '마님온'이라는 카페이다. 다른 하나는 '커피디지' 서울 연신내점인데, 투자 자로만 참여했다. 모두 현재도 운영하고 있다. 매장을 홍보하려고 만들었던 인스타그램 맛집 계정이 팔로워 6만 3천 명을 넘기면서 맛집 마케팅을 시작하는 계기가 되기도 하였다.

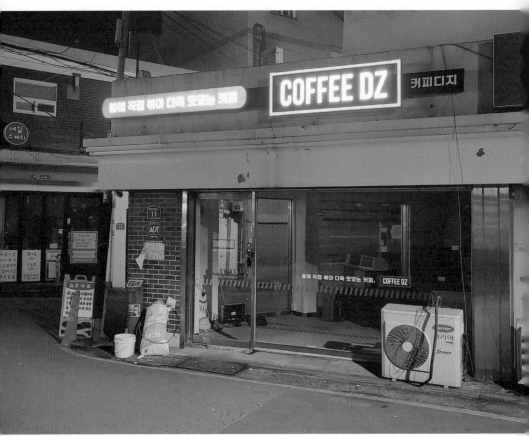

[ 자료 1-3 ] '커피디지' 서울 연신내점

[ 자료 1-4 ] 안양 비산동에 있는 80평 규모의 '마넘온' 카페

[ 자료 1-5 ] 인스타그램 맛집 계정

이 두 매장을 투자 및 운영하면서 또 많은 것을 배웠다. 배달의민족, 요기요, 쿠팡이츠 등 배달 대행업체와 연속으로 계약하고 다른 업체를 벤치마킹하면서 많은 노하우를 습득했다. 다양한 종류의 오프라인 매장, 배달 매장, 테이크아웃 매장, 하이브리드 매장(홀과 배달을 아우르는) 등을 겪으면서 많은 경험을 쌓았다.

이처럼 몇 번의 실패를 통해 나름대로 장사의 의미를 명확히 이야기할 수 있게 되었다. 그리고 '나는 왜 장사를 하려고 하며, 그 목적이 무엇인가?'라는 가장 중요한 질문에 답할 수 있게 되었다.

장사를 모르고 장사에 뛰어들었지만, 뒤늦게 깨달은 그 정의와 의미, 목적이 지금까지 장사를 업으로 살도록 해주었다. 여러 부침 속에 주저앉을 뻔한 기억이 스친다. 결국, 다시 일어서게 한 것은 마음속에 새긴 장사의 본질이다.

# 장사의 의미

2017년부터 작은 돈가스 가게를 운영하기 시작해 안정화되면서 프랜차이즈 사업을 시작했다. 사업 시작부터 이에 걸맞은 경험과 정보 그리고 지식을 얻기 위해 필자는 대한민국 이곳저곳을 무식하게 돌아다니면서 직접 눈으로 보고 배우고 있다. 그래도 부족하다고 생각하여 수많은 사장님을 쫓아다니며 매장 운영 노하우(Know-how)와 장사 기법 등 다양한 배움을 얻고 부족한 부분을 채워 나가고 있다. 장사하는 사람들은 서로 통하는 것이 있는지 일단 서로 마음만 맞으면, 그야말로 '절대비기(絕對祕器)'가 아닌 이상 다 알려주시려고 한다. 그런 점에서 장사하는 사람 간의 이심전심(以心傳心) 정도 많이 느끼고 있다.

이처럼 발품 팔며 얻은 경험과 정보와 지식은 지금의 나를 있게 해준 큰 원동력이 되었다.

언젠가 어느 연배 있으신 사장님께서 나에게 이런 질문을 하였다.

"지 대표가 생각하는 장사의 의미는 뭐요?"

"……."

사업한다고 여기저기 다니며 사람들을 만나면서 이런저런 소위 고급 기술과 능력을 배우고 있는 나에게 갑자기 훅 들어온 저 근본적인 질문에 나는 순간 멍해졌다. 답하지 못하고 어쩔 줄 몰라 하는데, 그분은 이런 말을 했다.

"젊은 나이에 이런저런 사업을 하며 돈 좀 벌고, 더욱이 사람들도 교육한다는데, 기본을 무시하고 기교만 배우려 하면 안 됩니다."

그러면서 그분은 그동안 체득한 소중한 깨달음을 내게 들려주었다.

그곳을 떠나 매장으로 돌아오는 내내 차 안에서 너무나 창피하고 부끄러웠다. 프랜차이즈 사업가라며 많은 사람을 가르치고 있지만, 정작 나 자신이 내가 영위하는 장사의 정의를 제대로 내리지 못했으니…. 그분이 내게 알려준 그 깨달음을 절대 잊지 않으려고 끊임없이 되새기며 생각했다.

이후 예비 창업 점주님들을 만나면 잊지 않고 항상 이러한 질문을 한다.

"사장님, 장사의 의미를 알고 계시나요?"

공통으로 이런 질문을 하면, 대부분 이렇게 말한다.

"그냥 뭐, 먹고살기 위해 하는 거죠."

이미 장사라는 일을 하는 중인 사장조차 대부분 장사의 정확한 의미도 모른 채 이 업에 종사하고 있다. 가게를 운영하는 사업가라면, 장사에 관해 명확히 정의 내릴 수 있어야 한다. 장사의 뜻을 정확하게 알아야 올바로 장사할 수 있다고 생각한다. 장사는 장사의 의미를 이해하는 것부터 시작해야 한다.

장사란, '무언가를 판매해서 수익을 창출하는 행위'를 뜻한다. 단순히 말해, '물건을 팔아 이윤을 만드는 것'이다. 먹고살기 위한 것, 돈을 벌기 위한 것, 가족들 생계를 위한 것이라는 말도 물론 완전히 틀린 말은 아니다. 하지만 이런 답변은 장사의 정의라기보다는 장사의 목적을 이야기하는 것이다.

무언가 판매하고 있는데 수익이 창출되지 않는다면, 장사가 아닌 자선 사업을 하는 것이다. 자선 사업과 장사의 가장 큰 차이점은 이윤 창출이라는 목적성이 있는지에서 드러난다. 창업을 준비하는 '예비 사장'이나 영업 방식의 변화를 고려 중인 '이미 사장' 모두 이러한 장사의 의미를 명확하게 인지하지 못하면 큰 낭패를 볼 수 있다.

장사의 일반적인 의미뿐만 아니라 장사하려는 종목도 정의 내릴 수 있어야 한다. 먼저, 자신이 장사할 수 있는 아이템이 어떠한 포지션에 있는지(배달 아이템인지, 매장 아이템인지), 어떠한 카테고리에 속하는지(한식, 중식, 분식 등), 어떤 구성원들과 함께할 것인지, 어떻게 수익을 창출할 것인지 정확하게 이야기할 수 있어야 장사에 실패하지 않는다.

예를 들어보겠다. 홀 매장에서 1만 원에 판매하는 피자 한 판을 배달 장사로도 판매하려 한다고 가정해보자. 과연 배달로는 얼마에 팔아야 할까? 홀 장사에서 배달 장사를 새로 시작하는 사장님 대부분은 단순히 채널 추가라고만 생각해 같은 가격에 판매하는 경우가 많다. 특히 코로나-19가 갑자기 심각해지며 정부 정책이 바뀌면서 홀 장사가 마비되자 일단 홀에서 판매하는 메뉴를 배달 애플리케이션이나 스마트 스토어 같은 곳에 올려서 판매하는 방식으로 긴급하게 진행하다 보니 장사의 기본 목적인 수익 창출을 놓친다. 아무리 팔아도 수익을 내지 못하는 구조 아래 운영하는 경우를 생각보다 많이 본다. 물론 울며 겨자 먹기로 적은 매출이라도 올리려는 생각에 이런 방식으로 배달 장사에 도전할 수도 있겠지만, 팔아도 수익이 남지 않는다면 장사를 제대로 한다고 말할 수 없다. 장사를 하는 건지, 자선 사업을 하는 건지 알 수 없는 상황에 빠져 좌절해버리고, 그로 인해 악순환이 반복되면서 끝내 장사를 포기하는 지경에 이른다. 어떤 부분에서 수익을 남길 수 있고, 홀 장사와 배달 장사가 어떤 점에서 다른지 파악하여 어떻게 계획을 세워야 배달 장사로 수익을 창출할 수 있는지 공부해야 한다. 그 출발점은 장사의 의미를 깨우치는 것이다.

# 자영업 시장의 변화

코로나-19 팬데믹 상황에서 매장 영업 자체에 제약이 걸리니 이전 홀 장사만(오프라인)을 고집하던 점주들이 어떤 식으로든 변화를 모색하지 않으면 생존이 불가능한 지경에 이르렀다. 그렇다고 무턱대고 광고만 보고 배달 장사(온라인)를 시작하면 홀 장사와 비교해보았을 때 매출 마진이 박해서 오히려 점주들이 곤경에 처할 수 있다. 그래서 먼저 이런 총체적 난국을 벗어날 방안을 점주들과 함께 머리를 맞대고 이야기해보고자 한다.

우리가 자영업 시장의 전부라고 여겼던 종전의 오프라인 중심의 유통 구조는 배달의 시대에 접어든 지금 완전히 뿌리째 뒤흔들리고 있다. 배달 서비스의 발달은 '신유통 시대의 시작'이라는 말과 함께 유통 시장의 판도를 아예 뒤집어 놓고 있다. 앞서 말한 것처럼 장사의 목적은 이익 창출이다. 그렇다면, 어떻게 내 제품을 유통할지 고민하는 게 먼저다. 고객에게까지 제품이 전달되지 않으면, 이익을 창출할 수 없을 것이다. 시장의 생리를 파악해야 하는 것은 물론이다. 과거에는 주로 매장에 오토바이나 다마스 같은 소형 운송 수단을 준비해 놓고 직접 배달했는데, 이제 그런 배달 시스템은 점점 축소해서, 결국 사라질 것이다. 이런 세세한 변화도 인식해야 한다.

배달 시장은 코로나-19 이전부터 1인 가구 증가 추세에 따라 이미 성장 추세에 있었다. 공정거래위원회의 통계 자료에 따르면, 2017년 15조 원이었던 시장 규모가 2019년에는 20조 원으로 증가하였고 2020년 이후에는 코로나-19 여파로 더욱더 엄청나게 증가했다. 2021년에 규모가 얼마나 커졌는지는 독자들의 상상에 맡기겠다.

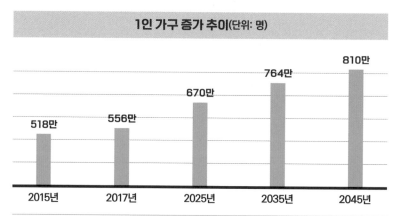

[ 자료 1-6 ] 출처: 통계청 · 2025년 이후는 전망치

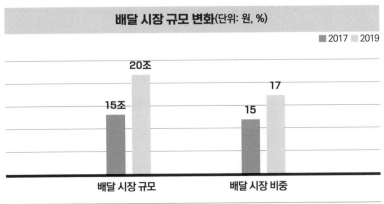

[ 자료 1-7 ] 출처: 공정거래위원회

위의 표는 공정거래위원회에서 발표한 자료이고, 다음 표는 통계청에서 발표한 자료이다. 공정거래위원회에서는 2019년 배달 시장 규모를 약 20조 원으로 해석했으나, 통계청에서는 그의 절반인 약 10조 원 수준으로 해석한 것을 볼 수 있다. 그러나 통계청에서는 좀 더 보수적으로 시장을 분석하는 경향이 있음을 고려해야 한다. 구체적으로 밝힐 수는 없지만, 일반 민간 기업 내부에서 작성한 시장 조사자료에 의하면 공정거래위원회의 발표와 마찬가지로 약 20조 원으로 해석하고 있으니 참고하기 바란다. 중요한 것은 배달 시장 규모가 급성장하고 있다는 사실이다.

배달 시장 규모의 확장 추세는 이미 전 세계적으로 시작된 새로운 트렌드의 전환이며, 시대의 요구이다. 미국은 이미 2010년 초반부터 '홀푸드(Whole Foods)'가 배달에 역점을 둔 사업을 바탕으로 승승

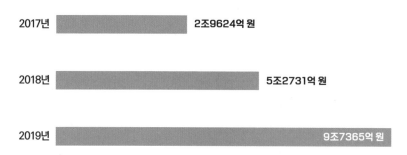

배달 시장 규모 변화

| | |
|---|---|
| 2017년 | 2조9624억 원 |
| 2018년 | 5조2731억 원 |
| 2019년 | 9조7365억 원 |

[자료 1-8] 출처: 통계청

장구하다가 아마존이 2017년에 인수하여 '홀푸드'의 중점 사업인 배달 시장에 '아마존 프라임나우(Amazon Prime Now)' 병합 후 급성장세를 이루었다. 미국은 두말할 것도 없고 영국을 넘어 유럽과 아시아에서는 일본과 싱가포르까지 시장을 확대하였다. 이들의 성장 추정치는 여기서 논할 바는 아니지만, EPS 성장률이 139.5%에 이른다고 하니(코로나-19 이전 통계 자료) 어느 정도일지 감이 오지 않는다.

미국의 또 다른 회사인 '그럽허브(GrubHub)'는 대한민국의 배달의민족과 같은 플랫폼으로 사업을 시작한 회사이다. 미국 내에서 제삼자 물류 플랫폼 가맹점 서비스 순위에서 1위를 차지한다. 이 회사 또한 아마존 프라임나우에 비견할 만큼 성장률이 어마어마하고, 코로나-19가 퍼지기 전에 이미 성장 기반을 다져 놓았다. 코로나-19 발병 시기에는 워낙 미국이 심각한 위기에 처했던 지라 주가 낙폭이 컸지만, 지금은 이미 코로나-19 이전 수준 이상으로 회복하였다. 단순하게 주가 변동 추이로만 보았을 때 그럽허브의 발전은 아마존 프라임나우와 견줘도 모자라지 않는다.

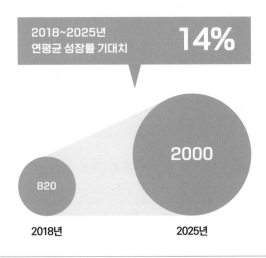

**팽창하는 전 세계 온라인 음식 배달 시장**(단위: 억 달러)

2018~2025년
연평균 성장률 기대치 **14%**

2000

820

2018년                    2025년

[ 자료 1-9 ] 출처: 프로스트 앤드 설리번

이제는 홀 매장에 방문하여 음식을 포장해 가던, 또는 집에서 전단책자를 뒤적이면서 음식을 찾는 시대가 아니다.

소위 라스트 마일 딜리버리(Last Mile Delivery), 즉 온라인으로 음식을 받는 시대에 이미 들어왔다. 이전에는 '라스트 마일'이라는 개념이 유통 시장에 존재하였다. 한마디로 고객이 구매한 물건을 판매자로부터 받아 고객의 손까지 얼마나 빨리 배달하는지를 관건으로 한 유통 시장의 경쟁 개념에 여러 플랫폼의 개념이 추가되어 일컬었던 개념이다. 이제는 여기에 전체 유통 시장에서 요식업에 관한 영역만 콕 집어내 등장한 신개념인 '라스트 마일 딜리버리'라는 것이 대세다. 물류 기술 발달과 배달 수요 증가는, 결국 배달 시장의 발달로 이어졌다. 이처럼 발달한 배달 시장은 새로운 전자상거래의 형태로 우리 생활 속 깊이 자리 잡았다. 이러한 변화를 인식해야 자영업 시장에서 살아남을 수 있는 시대가 되었다.

양질의 배달 서비스는, 결국 오프라인을 기반으로 하여 성장할 수밖에 없으므로, 홀 장사의 숙련도에 따라 배달 장사의 품질도 충분히 업그레이드할 수 있다고 생각한다. 매장의 상품을 판매할 유통 시장 인프라나 네트워크는 이미 다 만들어져 있고 지금 이 순간에도 발전하고 있다. 그러나 배달 장사에 있어 홍보는 상황이 조금 다르다. 과거처럼 지역 책자나 전단이 여전히 중요한 홍보 수단이기는 하지만 오프라인 홍보만으로 배달 장사에서 성공하기에는 한계가 있다. 따라서 점주들은 배달 장사를 운영하는 데 있어서 오프라인뿐만 아니라 온라인으로도 다양한 전략을 세워야 한다.

Chapter 2

# 배달 장사
# 시작하기

# 개인 창업
# vs
# 프랜차이즈 창업

## 더 효율적인 프랜차이즈 창업

창업을 준비하는 예비 점주님들이 제일 많이 하는 고민 중 하나가 개인 장사로 시작할지, 아니면 프랜차이즈로 창업할지, 이다. 주변 사람들에게 조언을 구해도 명확한 답을 찾기가 어렵다. 어떤 사람은 개인 창업을 추천하고 또 다른 사람은 프랜차이즈 창업을 추천한다.

개인 창업은 자신의 브랜드이기 때문에 위치 선정, 인테리어, 아웃테리어, 매장 분위기, 메뉴 등 모든 것을 원하는 대로 할 수 있다는 장점이 있다. 무엇보다 프랜차이즈보다 가맹비, 로열티, 물류비 등의 추가 비용이 들지 않아서 매출 대비 수익을 최대화할 수 있다는 장점이 있다.

그러나 장사 경험과 지식이 부족한 사람은 개인 장사로 성공하는 것은 고사하고 운영조차 만만치 않을 것이다. 어느 정도 경험과 지식이 축적된 사람들은 어렵지 않게 운영하면서 차별점을 개발할 수 있겠지만, 단순히 프랜차이즈에 관한 거부감이 들어 개인 장사를 고집하는 것은 바람직하지 않다. 경험과 지식 없이 개인 장사를 시작해 초반부터 많은 우여곡절로 괴로워하는 사람을 적지 않게 봤다.

프랜차이즈로 창업할 때 최대의 장점은 본사의 창업과 운영 시스템, 그리고 본사의 특별한 노하우만 충분히 숙지하면, 장사 초보도 최초 시장 진입에 큰 어려움 없이 도전해 볼 수 있다는 것이다. 또한, 개인 장사와는 다르게 물류 및 직원 관리, 급여 시스템, 영업 관계 서류 등 운영 전반에 관련한 것들도 본사 인프라를 그대로 활용할 수 있어서 초보 사업자에게 더할 나위 없이 좋은 선택이 될 수 있다.

물론 프랜차이즈도 단점이 있다. 점주는 모든 제반 운영이 시스템화되어 있기에 유기적으로 운영되기를 바라는데 프랜차이즈 본사의 허가 없이 점주가 본사에서 제시한 운영 가이드 라인을 벗어나면, 서로 불편한 관계가 초래될 수도 있고 최악에는 계약 해지를 당할 수 있다. 인테리어도 본사의 지시를 받아야 하기에 창업 시 점주가 세운 예산 범위를 벗어날 수 있다. 또한, 프랜차이즈 회사마다 다르지만 로열티, 가맹비, 보증금, 교육비 등의 명목으로 추가 비용이 발생한다.

개인 창업과 프랜차이즈 창업, 둘 다 장단점을 동시에 가지고 있어서 무엇이 좋고 나쁜지 딱 집어서 이야기할 수 없다. 둘 다 동전의 양면을 모두 가지고 있으므로, 초보 창업자는 본인의 상황과 여건에 맞춰서 객관적이고 냉정하게 판단하여 선택하면 된다.

물론 필자는 프랜차이즈 사업을 하는 사람이기에 프랜차이즈 회사의 관점에서 초보 창업자들에게 말하고 싶다. 위에서 언급했듯이 초보 창업자가 개인 매장을 열어 바로 장사하는 건 어려울 뿐만 아니라 위험하기도 하다.

경험과 기술 그리고 지식이 부족한 상황에서 근거 없는 자신감만 믿고 시작하다 보면, 시작부터 난관에 부딪힐 수 있다. 또, 장사는 현실이기에 생각지도 못한 부분에서 매장의 존폐를 위협하는 사건, 사고도 허다하게 발생한다. 하지만 프랜차이즈는 A부터 Z까지 본사에서 모든 부분을 가이드해준다. 아마 각종 사고 발생 시에 프랜차이즈 본사의 도움은 전쟁에서 천군만마를 얻는 것 같은 느낌일 것이다.

프랜차이즈 본사는 배관, 전기, 전면부 등 각종 공사를 진행해주는 것뿐만 아니라 POS 시스템, 집기, 카드 단말기 등을 구비해주고, 인테리어, 아웃테리어, 심지어 에어컨의 위치까지 세세하게 매장의 모든 것을 체크해준다. 물론 초보 창업자 스스로 이 모든 걸 직접 할 수도 있겠지만, 그만큼 많은 시간을 들여야 하고 시행착오가 일어나면 홀로 책임져야 한다. 창업 초기 오픈 이전의 시행착오는 결국 점주의 돈과 직결됨을 잊지 말기를 바란다.

프랜차이즈 회사와 함께하면, 매장을 여는 데 모든 걸 다 일사천리로 진행할 수 있다. 특히 초보 사업자라면, 더 효율적이고 능률적으로 사업을 시작하는 데에 프랜차이즈 창업이 훨씬 적합하다고 생각한다.

## 프랜차이즈 회사는 든든한 사업 파트너

프랜차이즈로 매장을 오픈한 사장님들의 특징이 하나 있다. A부터 Z까지 다 프랜차이즈 본사가 책임져 주길 바라는 것이다. 프랜차이즈 본사가 모든 걸 가이드해 주고 실행에 옮겨 주는 건 맞지만, 책임까지 지는 건 아니다. 좋은 전략적 아이디어를 제공해주지만, 이를 바탕으로 성공에 다다르는 건 점주가 해야 할 일이다. 프랜차이즈 본사가 책임까지 져야 한다면, 프랜차이즈 회사 대부분은 프랜차이징 사업을 접고 차라리 직영으로 매장을 늘리며 운영할 것이다.

프랜차이즈 본사는 여러분의 사업 동반자, 조력자의 역할을 하는 점주들의 친구다. 일하다 보면 본사의 실수로 또는 점주들의 실수로 서로 얼굴 붉히는 일이 발생하는 것을 종종 겪는다. 방향을 잘못 잡은 배에 탄 선원들은 인정과 협동을 통해 바로잡으면 되지만, 서로 으르렁거리며 다투기만 한다면, 결국 그 배는 침몰하고 만다. 우리는 같은 목적으로 같은 배를 타고 같이 항해하는 친구다. 올바른 목적지로 가기 위해 본사는 본사대로 점주들은 점주들대로 같은 박자에 맞춰 열심히 노를 저어 나가면 된다. 그러면 어느 순간에 서로가 원하는 목적지에 같이 도착해 있을 것이다. 나는 그렇게 믿는다.

나는 가능하면 직접 움직이거나 지역 매장 담당자를 수시로 파견하여 점검하려고 최대한 노력한다. 서로 전화와 문자로 자주 이야기를 나누기도 하지만 직접 점주들과 마주하거나 매장의 문제점들을 눈으로 본 후 해법을 논의하는 것이 훨씬 더 효율적이다. 그것뿐만 아니라 점주들과 매장 직원들을 본사에서 교육해 양질의 서비스를 제공하려 노력한다. 점주들은 시간이 지나도 항상 그 자리에 있지만, 직원들은 수시로 바뀌어서 본사에서 제공하는 프로토콜을 숙지하지 못하는 경우가 허다하다. 점주가 본사 교육 자료를 바탕으로 채용 직원을 직접 교육해주는 것도 좋지만, 프랜차이즈 본사는 점주들의 사업 파트너이기에 점주뿐만 아니라 직원 교육도 직접 하는 게 옳다고 생각한다. 같은 교육을 반복해야 하는 본사 직원들은 곤욕스럽겠지만, 그게 프랜차이즈 본사의 역할이다. 그러다 보면 점주와 본사 사이에 좋은 관계가 형성된다. 이러한 관계를 바탕으로 긴밀하게 협조하고 소통한다면 본사와 점주들의 관계는 계약 관계를 넘어 같이 성장하고 꿈과 뜻을 함께하는 오랜 친구 같은 존재가 될 것이다.

# 전략적인
# 입지 선정

## 입지 선정의 중요성

당연히 장사를 시작하려면, 가게가 있어야 한다. 대개 장사하겠다는
마음을 먹었을 때 제일 처음 하는 일이 가게 위치를 정하는 것이다.
어찌 보면, 장사하는 데 가게 위치 정하는 것만큼 중요한 게 없다고
말할 수도 있다. 좋은 입지에 원활히 장사할 가게를 만나는 것은 사
실 천운과도 같다. 그러니 반드시 이것저것 꼼꼼히 따져보고 가게 위
치를 정해야 한다.

매장 입지 선정은 오프라인(홀) 판매 위주의 장사인지, 온라인(배달) 판매 위주의 장사인지에 따라 다르다.

첫째, 홀 판매 위주의 매장은 일단 유동 인구가 많고 가시 효과가 뛰어나 노출이 한 번에 잘되는 역세권, 버스 정류장, 지하철역, 광장, 큰 도로 주변, 오피스 밀집 지역 등에 자리 잡아야 한다.

물론 이런 매장의 보증금과 월세 그리고 권리금은 상상 이상으로 비싸다. 이런 곳에 매장을 열려면, 대부분 어느 정도 자금력이 마련되어야 한다. 그렇지 않아 빡빡한 예산 안에서 시작하면, 좋지 않은 결과가 나올 수 있음을 유의해야 한다.

둘째, 배달 매장은 중심 상권에서 약간 벗어난 소비자 주거 지역으로, 월세는 대략 30~80만 원 정도를 유지하는 곳이 좋다. 또 내가 팔고자 하는 상품의 경쟁자들이 많이 들어서지 않은 지역이 배달 전문 매장으로서는 안성맞춤이다. 아무래도 먼저 자리 잡아 선점하는 게 제일이다.

이렇게 편하고 쉽게 이야기하지만, 사실 이런 자리를 찾기는 쉽지 않다. 초보 창업자들이 입지 좋은 자리를 찾는 것은 상당히 어려운 일이다. 그러므로 좋은 입지에 관한 정보를 직접 발품을 팔아 계속 다니면서 알아내야 한다. 이렇게 다니다 보면, 분명 자신이 생각하는 조건에 맞는 입지를 찾을 수 있을 것이다.

그 이후는 프랜차이즈 회사에 맡겨라! 프랜차이즈는 자신만의 입지 선정에 관한 노하우를 바탕으로 실사할 것이고 꼼꼼히 분석하여 점주에게 좋은 보고서를 작성해 내놓을 것이다. 때로는 점주의 기대를 저버리는 기분 나쁜 결과를 보여주는 보고서도 냉정하게 작성해 보여준다. 프랜차이즈 회사는 모든 점주의 성공을 바라는 사업 파트너이기에 냉정하게 평가한다.

경험상 대부분 위에 제시한 조언을 참고해 노력하면, 분명 좋은 입지를 찾는다. 혼자 하기 어렵다면, 부동산 업자의 도움을 받는 것도 괜찮다. 하나 더 언급하자면, 창업을 준비하는 단계부터 다른 것은 제쳐놓고 일단 좋은 입지를 쉬지 않고 찾아다녀야 하며, 조건에 맞으면 주저 없이 계약해야 한다. 어느 매장을 보고 너무 맘에 들어 내일 계약서 쓰겠다고 해 놓고 집에 가서 좋아했는데, 갑자기 이미 다른 사람과 계약이 끝났다는 연락을 받는 경우가 종종 있다. 지금 이 순간에도 여러분과 똑같은 생각으로 가게 자리를 찾아 헤매는 예비 창업자가 많다. 창업을 생각한다면 지금부터 발품을 팔아라!

다음에는 배달 장사를 중심으로, 매장 입지 선정에 관해 좀 더 자세히 설명하겠다.

## 입지 선정 실전

배달 장사를 시작하기 위해 매장을 정할 때는 저렴한 비용으로 고효율을 올릴 수 있는 곳으로 정하는 게 중요하다. 홀 판매 매장은 월세가 비싸더라도 유동 인구가 많고 가시적으로 노출된 곳에 있는 것이 중요하나, 배달 매장은 매장 주변의 인구 밀집도가 높은지, 그리고 해당 매장이 그러한 밀집된 인구의 중심에 있는지가 가장 중요하다.

코로나 이후에 홀 장사하는 분들이 배달 장사를 고려해 내가 운영하는 프랜차이즈 브랜드인 '감동까스'(돈가스 브랜드)나 '오진당'(분식 브랜드) 창업 상담하러 와서 이런 말을 가장 많이 한다.

"저희 매장은 월세가 너무 비싸서 배달 장사하기에는 수익이 너무 엉망일 것 같아 고민입니다."

이런 말이 나오는 가장 큰 이유는 배달 매장과 홀 매장의 통상적인 규모 차이 때문이다. 배달 장사 시에는 월세 수준이 대략 30~80만 원 정도인 곳에 매장을 열고, 홀 장사 시에는 약 160만 원부터 위치만 좋으면 약 300만 원까지 고액의 월세를 내는 곳에도 매장을 연다. 보증금이나 월세가 비싼 위치에서 배달 장사를 하기에는 비용으로 발생하는 리스크가 크게 다가올 수밖에 없다. 이미 매장이 있는데 어쩔 수 없이 같은 곳에서 배달 장사를 해야 하는 상황이 아니라면, 조금 중심가에서 벗어나도 보증금과 월세가 저렴한 매장을 계약하는 것이 좋다. 배달 장사에 적합한 매장 조건을 정리하면, 다음과 같다.

[ 자료 2-1 ] 경기도 안양시를 예로 한 적합한 배달 전문 매장의 위치

## 1 보증금

배달 매장의 보증금은 500~2,000만 원 정도가 적합하다. 보증금이 너무 높으면, 운영 자금이 묶일 수 있다.

## 2 월세

배달 매장은 배달 대행에 나가는 수수료가 너무 높아서 30~80만 원 수준으로 월세 비중을 낮춰야 한다.

## ③ 위치

배달하려는 지역의 중심지가 가장 좋다. 월세가 싸다거나 가맹 본부에서 추천해줬다는 이유로, 중심지가 아닌 구석진 곳에 매장을 열고는 하는데, 잘못하면 배달 대행 추가 요금이 너무 많이 붙어서 오히려 쓸데없이 지나치게 높은 비용을 내야 할 수도 있다. 그렇게 되면, 보증금이나 월세 싼 가게를 찾은 노력이 헛수고가 될 수 있음을 명심해야 한다.

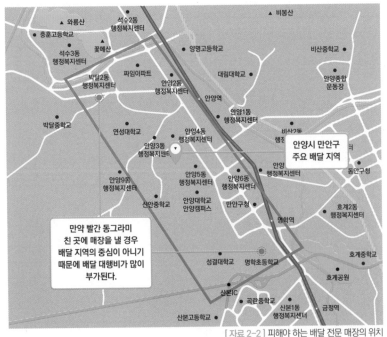

[ 자료 2-2 ] 피해야 하는 배달 전문 매장의 위치

## ◀4▶ 가스

꼭 LNG(도시가스)를 쓰지 않아도 괜찮다. 하지만 상황에 따라 LPG(프로판가스)를 이용하지 못할 수도 있으니 반드시 확인해야 한다. 도시가스를 이용할 계획이라면, 도시가스관이 건물까지 들어와 있는지 확인해야 추후에 공사하더라도 비용을 절감할 수 있다. 오래된 건물의 경우 도시가스관이 건물까지 연결되어 있지 않아 점주가 도시가스관을 건물까지 끌어오는 공사를 추가로 진행해야 하는 것을 종종 본다.

도시가스의 경우 등급을 나누어 가스 용량을 확인한다. 점주가 설치할 집기의 가스 용량을 확인해서 그에 맞는 등급으로 시공해야 이후에 추가 비용을 절감할 수 있다. 왜냐하면, 도시가스는 추가로 집기를 설치하면 배관 공사를 다시 해야 하는 경우가 종종 발생하는데, 그럴 때면 가스 공사에 허가받는 과정을 거쳐야 한다. 그때 생각보다 비싼 수수료가 빌생할 수 있다. 그러므로 미리 사용할 집기를 정확하게 파악해서 위치를 정한 후 업체와 협의 후 공사해야 2차 비용을 절감할 수 있다.

만약 양수한 경우 전기와 다르게 고지서에서 현재 매장에 설치된 등급을 알 수 없으니, 각 지역 도시가스 고객센터에 전화하여 주소를 알려주고 현재 가스 상태 등급을 확인할 것을 추천한다.

[ 자료 2-3 ] 도시가스 요금 지로 청구서

## 5 전기

한전에 연락하면, 기본 5kW 정도는 영업용으로 사용할 수 있다. 단, 여름에는 냉장고가 전기를 평소보다 더 많이 쓰고 에어컨도 추가 운영해야 하므로, 자칫하면 차단기가 내려갈 수 있다. 그럴 때를 생각해서 처음 매장을 구할 때부터 기본 전력을 잘 확인해야 한다. 그렇게 해야 추가로 들어갈 비용을 절감할 수 있다.

## 6 상하수도

가게를 계약할 때 점주들이 가장 많이 하는 실수가 여기에서 발생한다. 단순하게 싱크대가 있다는 이유 하나로 상하수도가 올바로 되어 있다고 오해하는 것이다. 그러나 지나치게 오래되어 낡았거나 공사가 올바로 되지 못한 경우도 다수 있다.

상수도는 있는데 땅에 붙어 있어야 할 하수도가 바닥에 그냥 콘크리트로 매립되어 있어서 위치를 찾지 못하거나, 하수도를 바닥보다 높게 설치하여 바닥에 안착시키지 못하는 경우도 종종 본다. 그런 경우 습식(물청소가 가능한 주방)이 아닌 건식(하수도가 바닥에 없어서 물을 쓰지 못하는 주방)으로 주방을 써야 할 수도 있다. 건식으로 쓰게 되면, 주방 바닥 물청소가 거의 불가능해서 불편한 상황이 벌어지고 위생에도 문제가 생길 수 있다. 그러므로 매장을 알아볼 때 상수도뿐만 아니라 하수도도 꼼꼼하게 점검해야 한다.

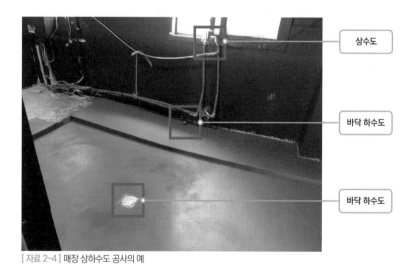

상수도

바닥 하수도

바닥 하수도

[ 자료 2-4 ] 매장 상하수도 공사의 예

# 기본적인
# 행정 절차

매장 위치를 정하고 계약했다면, 이제 본격적으로 장사를 시작할 때다. 그런데 장사를 시작하려면, 몇 가지 행정상의 절차를 거쳐야 한다. 아래 사항은 매장 위치 정하는 것만큼 중요한 것들이니 반드시 체크해서 놓치지 않도록 한다.

### 1 영업신고증 발급

영업신고증이란, 영업 활동을 신고하는 문서이며, 영리 활동을 할 업종에 관해 신고한 내용을 증명하는 문서이다.

영업신고증에는 업소명과 소재지, 대표자의 인적 사항, 영업의 종류 등이 정확히 기재되어 있으며, 영업신고증 발급은 사업자등록증을 발급받기 위해서 꼭 필요한 행정적 절차이다. 영업신고증을 발급받기 위해서는 한국외식업중앙회에서 진행하는 위생 교육과 건강진단결과서(구, 보건증)를 필수로 발급받아야 하며, 건강진단결과서는 보건소 혹은 근처 병원에서 발급받을 수 있다.

[ 자료 2-5 ] 영업신고증

## 2 사업자등록증 발급

사업자등록증이란, 사업자 등록 시 납세의 의무를 지는 사업자에 관한 정보를 세무서에 신고하여 등록하고 발급받는 문서이다. 개인 사업자의 종류에는 크게 간이 과세자와 일반 과세자로 나누는데, 만약 장사가 처음이고 초반에 큰 자본을 투입하지 않는다면, 간이 과세자로 등록하여 세금을 절감하는 것이 좋다. 만약 주류 판매를 원할 시에는 사업자 등록 시 세무서에서 주류 판매 허가까지 함께 받는 것이 중요하다.

[ 자료 2-6 ] 사업자등록증

## 3 카드 VAN 신청

VAN의 원래 사전적인 의미는 '부가가치 통신망'이다. 전송, 교환, 통신 처리, 정보 처리 등의 기능을 담당하는 망을 말한다. 소비자의 신용 상태를 조회하면서 결제 대금을 승인하며, 부가적인 거래 내역 전송과 대금을 승인하는 서비스도 이 VAN으로 불린다. 요즘은 배달 대행업체에서 자체적으로 계약하여, 점주가 따로 신청하지 않아도 되나, 포장 혹은 홀 판매를 병행하려면 따로 카드 단말기를 신청해야 매장에서도 카드 결제가 가능하다.

## 4 POS 혹은 PC 구매

POS는 매상 금액을 정산하고 소매 경영에 필요한 각종 정보와 자료를 수집·가공 처리해주는 게 주된 목적인 시스템을 말하며, 이전에는 전용 기기 설치가 필수였다. 그러나 최근에는 PC에도 배달에 최적화된 POS 응용 프로그램을 설치하여 배달 대행 애플리케이션을 연계할 수 있게 되었다. 각종 주문 정보를 직접 수기로 입력하지 않아도 자동으로 POS에 입력되도록 하고 배달 기사를 클릭 한 번에 부를 수 있는 프로그램을 설치하여 활용할 수 있다.

POS의 경우 업체에서 기기 렌털을 권유하고는 하는데 그냥 구매해서 사용하는 것을 추천한다. 중고로 구매해도 이용하는 데 특별히 문제없고, 저렴한 올인원 PC에 소프트웨어를 설치하여 사용하는 것도 나쁘지 않다.

## 5 전화 신청

전화 신청은 누구나 필수로 당연히 진행할 것이다. 그런데 전화 기능 외에 배달 장사에 꼭 필요한 CID 기능과 API 기능을 전화 신청 시 추가로 신청해야 한다. 회선의 종류는 상관없지만, 우리나라에서는 현재까지 KT가 가장 안정적이다.

- **CID(Caller Identification):** 발신자의 전화번호를 단말기(전화기) 화면에 표시해 주는 서비스이다.

- **API:** '스마트콜 발신자 표시'를 말하며, 이 기능을 사용하려면 POS 프로그램이 지원해줘야 한다. 예전에는 '콜스타'라고 하는 단말기를 통해서 전화기에 들어온 발신자 정보를 PC에 연동시켜 확인해야 했으나, 요즘은 API라는 기능을 통해서 별도의 발신자 표시 단말기 없이 컴퓨터 화면에 고객의 정보를 띄울 수 있다.

## 6 사업자 계좌 및 카드 신청

매장 운영에 있어서 사업자 전용 계좌 신청은 매우 중요하다. 왜냐하면, 사업자 통장을 개인 통장과 분리해야 정확하게 얼마를 벌고 쓰는지를 알 수 있으며, 계좌와 카드 정보를 홈택스(Hometax.go.kr)에 등록하여 세무 업무를 위임할 때 개인 정보 노출에 안전하다. 그러므로 사업자 계좌와 카드는 개인 계좌나 카드와 분리할 것을 추천한다.

그리고 사업주는 사업자 통장 분리 후 월급 통장 개념의 개인 통장도 추가로 보유할 것을 추천한다. 그래야 개인이 사용한 비용과 가게 운영에 사용한 공적인 비용을 분리할 수 있다.

주류 허가는 세무서에서 받지만, 주류 카드는 은행에서 신청할 수 있으니 이점도 반드시 명심해야 한다. 사업 운영 초기에 꼭 해야 할 작업이다.

## 7 주문 중개 플랫폼 입점 신청

단순하게 홀 장사에서 배달 장사 채널을 열든 새롭게 배달 장사를 시작하든 소비자와 중개해줄 수 있는 주문 중개 플랫폼 입점 신청은 필수이다. 대표적인 주문 중개 플랫폼에는 '배달의민족'과 '요기요', '쿠팡이츠' 등이 있으며, 지역 담당자 혹은 본사에 전화하거나 각 회사 홈페이지에서 입점 신청할 수 있다. 관련한 정보는 뒤에서 더 자세히 다룬다.

아울러 배달 서비스를 수행할 방법을 결정해 준비하도록 한다. 배달 서비스 제공 방법에는 자체 배달, 배달 대행업체 이용, 주문 중개 플랫폼 자체 배달 서비스 이용 등이 있다.

# 명확한 시스템
# 확립의 중요성

경험이 부족한 초보 창업자들이 매장 운영 시스템을 갖추는 것은 상당히 어렵다. 개인 매장을 여는 것까지는 주변의 도움으로 할 수 있지만, 명확한 시스템을 세우는 것은 한두 번의 도움으로는 부족하다. 그래서 초보 창업자에게 프랜차이즈를 통한 창업을 추천하는 것이다.

프랜차이즈 회사에서 가장 많이 신경 쓰는 것 중 하나가 명확한 시스템 확립이다. 우리도 '1평짜리 매장이라도 시스템은 있어야 한다'라는 슬로건 아래 점주들을 교육한다.

본사 직영 매장을 실제로 보여주고, 또 원한다면 그 안에서 일해보도록 함으로써 영업이 원활히 잘되는 매장이 어떻게 움직이는지 그 시스템을 스스로 체득하도록 한다. 그러면서 시스템의 필요성을 인지시켜 준다.

매장의 시스템은 한마디로 가게 문을 여는 순간부터 닫는 순간까지 매장에서 해야 할 모든 일을 하나의 매뉴얼화해서 매일 같은 시간에 마치 톱니바퀴가 돌아가듯 알맞게 움직이도록 하는 것이다.

주문을 처리하는 것도 시스템에 따라 진행되어야 정확하고 신속히 진행할 수 있다. 고객으로부터 메뉴를 주문받아 고객의 손에 전달하는 순간까지 하나의 시스템이 적용되어야 한다.

---

### '감동까스'의 주문 처리 시스템

❶ 주문 확인
❷ 음식 조리, 배달 대행업체 콜
❸ 포장
❹ 배달

---

이처럼 주문부터 음식 전달까지 일련의 과정을 일사천리로 진행해야 한다. 물론 이것뿐만이 아니다. 시스템에는 직원 관리, 급여 관리, 세금 정산, 물류 정산 등 매장이 돌아가는 수많은 일을 모두 포함한다.

다음에 예를 들어 제시한 매장 오픈부터 마감까지 진행해야 할 'OPEN to CLOSE 프로세싱'을 참고하면 이해가 빠를 것이다.

## 오픈 체크 리스트

날짜:　　　월　　　일
오픈 담당:

| 구분 | 내용 | 확인(V) |
|---|---|---|
| 1 | 간판 & 매장 조명 ON | |
| 2 | 컴퓨터 & POS ON & POS 시작 금액 확인 | |
| 3 | 튀김기 전원 ON | |
| 4 | 가스, 냉장고 확인 | |
| 5 | 제품 확인 | |
| 6 | 요리 테이블 정리 | |
| 7 | 홀 테이블 정리 | |
| 8 | 제품 준비 | |
| 9 | | |
| 10 | | |

## 마감 체크 리스트

날짜:　　　월　　　일
마감 담당:

| 구분 | 내용 | 확인(V) |
|---|---|---|
| 1 | 각종 물품 세척 및 소독 | |
| 2 | 요리 기구들 세척 | |
| 3 | 튀김기 정리 및 청소 | |
| 4 | 발주 제품 체크 | |
| 5 | POS 정산 및 시제 마감 | |
| 6 | 냉장고 온도 확인 | |
| 7 | 가스 OFF | |
| 8 | 컴퓨터 OFF | |
| 9 | 낸낭방기 OFF | |
| 10 | 매장 전체 조명 OFF | |

이처럼 시스템을 확립하는 것 외에 매장 운영 시 한 가지 더 중요한 것이 있다. 바로 매장 내 CCTV 설치다.

CCTV 설치는 누군가를 감시하기 위해서가 아니라 어떠한 이슈가 발생했을 때 검증과 확인의 차원에서 유용하다. CCTV 설치는 인권이나 초상권 침해 논란이 발생할 수 있으므로, 매장 바깥이 아닌 매장 안쪽을 향해 설치할 것을 권한다.

고가의 CCTV보다는 저렴하고 성능 좋은 모바일 CCTV가 좋다. 처음에는 매장 내 한 개로 시작하고, 시간이 흘러 영업이 잘돼 매장을 확장하게 되면 개수를 늘려가도록 한다. 만약 2호점, 3호점 매장을 늘렸는데 점주 본인이 직접 전 매장에 상주할 수 없고 요술처럼 분신을 보낼 수도 없으므로, 그때 가면 CCTV가 더 절실히 필요할 것이다.

# 상표권의
# 중요성

## 상표권이란?

상표권이 무엇인지 백과 사전상의 '상표권' 설명을 살펴보며, 설명하겠다.

- '상표권이란, 등록상표(登錄商標)를 지정상품(指定商品)에 독점적으로 사용할 수 있는 권리를 말한다.'

이것이 백과사전에서 설명하는 상표권의 정의이다. '등록상표'는 우리가 만든 상표, 즉 제품의 이름을 말하고, '지정상품'이란 그 이름을 부여한 물건, 즉 제품 자체를 의미한다.

• '상표는 상품을 표시하는 것으로서 생산·제조·가공 또는 판매업자가 자기의 상품을 다른 업자의 상품과 식별시키기 위하여 사용하는 기호·문자·도형 또는 그 결합을 말한다.'

이러한 설명에서 살펴볼 수 있는 것은 기호와 도형까지 상표에 적용할 수 있다는 것이다. 단순히 문자로 한정할 필요는 없다. 다만, 고객이 직관적으로 알 수 있고 기억할 수 있는 상표로 정해야 함을 잊어서는 안 된다.

• '상표권은 설정 등록(設定登錄)에 의하여 발생하고(상표법 41조), 그 존속기간은 설정 등록일로부터 10년이며, 갱신 등록(更新登錄)의 출원에 의하여 10년마다 갱신할 수 있다(42조).'

상표권은 그저 '이 상표가 우리 겁니다'라고 이야기해서 얻을 수 있는 게 아니다. 법적인 효력을 얻으려면, 설정 등록이라는 걸 해야 한다. 한 번 등록하면 10년간 유지할 수 있고, 갱신 등록을 하면 10년마다 연장할 수 있다. 그러니 반드시 브랜드나 상표를 만들었으면 설정 등록하여 법적인 권리를 획득하도록 하자.

- '상표권의 가장 중요한 내용은 지정상품에 대하여 그 등록상표를 사용하는 것인데, 그 외에도 상표권은 재산권의 일종으로서 특허권 등과 같이 담보에 제공될 수 있으며, 지정상품의 영업과 함께 이전할 수도 있다.'

상표권도 특허권처럼 재산의 일종으로서 다른 이에게 넘길 수도 있고, 판매할 수도 있다는 의미이다.

- '상표권의 침해에 관해서는 권리 침해의 금지 및 예방청구권, 손해배상청구권, 신용회복조치청구권 등 민사상의 권리가 인정됨은 물론(65·67·69조), 침해 행위를 한 자에게는 형사상의 책임도 인정된다(93조).'

이처럼 상표권도 중요한 권리이며, 재산이다. 상표권의 법 제정은 처음 아이디어를 발현한 자의 권리를 보호하고 신용을 유지하도록 하므로, 상표권을 보장하는 것은 우리 산업이 발전하는 데 매우 중요하다.

물론 단지 판매자나 생산자의 권리, 이익을 보호하는 데만 목적이 있는 것이 아니라 구매자의 권리와 이익을 보호하는 데에도 목적이 있다. 하나의 상표나 브랜드를 통해 제품의 질을 보장하는 것으로 인지하는 소비자가 그에 맞는 질의 제품을 지속하여 보장받는 데에서 소비자는 이익을 얻을 수 있다.

갈수록 상표권은 더 중요해지고 있다. 작은 매장을 운영하든 큰 사업을 꾸리든 상표권의 중요성을 잊지 않아야 한다. 약간의 불편한 과정만 거치면, 그 권리를 획득할 수 있으니 반드시 놓치지 않기를 바란다.

## 상표권이 중요한 이유

만약 여러분이 가게를 운영하고 있거나 운영을 준비 중인데, 사용하려는 상표를 이미 다른 사람이 먼저 등록해놓았다면 어떻게 해야 할까? "내 가게를 남에게 빼앗길 수 있습니다." 요즘 페이스북이나 인스타그램에서 이런 문구로 시작하는 광고를 많이 본다. 직설적으로 이런 끔찍한 문구를 내세운 광고가 올라온다. 광고는 짜증 나겠지만, 이 문구와 같은 일이 실제로 일어나기도 한다. 상표권이 바로 이런 비극을 일으키는 요인 중 하나이다.

상표권을 다른 이가 먼저 취득했다면, 법적인 소송까지 갈 수도 있다. 적지 않은 금액을 배상해야 하거나, 심지어는 가게를 아예 닫아야 할 수도 있다. 그래서 매장 오픈을 준비하는 사람은 내가 사용할 상표나 상호가 이미 상표권 등록된 것은 아닌지 확인해야 한다. 사용에 적합한 상표나 브랜드인지뿐만 아니라 이미 누군가 등록한 브랜드는 아닌지 확인해야 한다. 상표권이 없으면, 생각보다 심각한 문제가 발생할 수도 있다.

예를 들어, 경기도 안양에 '감동까스'라는 개인 매장을 차렸는데, 만약 이 상표가 이미 특허청에 등록되어 있다면, 즉시 가게 문을 닫아야 할 수도 있다. 다른 예로, 프랜차이즈 회사에서 감동까스라는 브랜드를 가맹 받았는데, 본사에서 상표나 상호에 관한 특허를 받지 않았다고 해보자. 그런데 바로 옆에 같은 이름을 내건 가게가 문을 열어도 문제를 제기할 수 없고, 법에 따라 상표권에 관한 보호를 받을 수 없다. 그러므로 개인 매장의 상표권을 획득하는 것뿐만 아니라, 가맹하려는 프랜차이즈 본사가 상표권을 획득했는지 확인하는 것도 중요하다.

프랜차이즈 회사에 가맹해 창업한다면, 프랜차이즈 본사는 가맹 지점으로부터 다양한 수수료를 받는다. 이때 올바른 명목하에 가맹 점주로부터 수수료를 받아야 하므로, 계약 시 명확한 내용을 반드시 표기해놓는다. 예를 들면, 가맹비 안에 포함한 '가맹 교육비', 물류비 안에 포함한 '가맹 차액금'이라는 항목이 그러한 프랜차이즈 본사가 가져가는 수익과 관련한 항목이다. 여기서 '가맹 차액금'이 바로 가맹 점이 브랜드를 사용하면서 프랜차이즈 본사에 내는 수수료를 말한다. 가맹 차액금 관련 항목을 꼼꼼히 살펴보고 과도한 비율이나 금액이 책정되어 있지는 않은지 확인하여 창업 시 피해 보지 않도록 해야 한다.

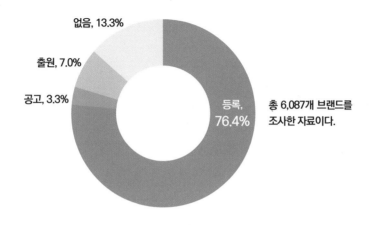

[ 자료 2-7 ] 출처: 2020 프랜차이즈 산업 통계 현황, 맥세스컨설팅

위 표에서 볼 수 있듯이 2019년 말 기준 등록된 6,087개 브랜드와 상표 등록 현황을 전수조사해본 결과, 23.6%나 상표권이 없는 상태로 사업을 운영 중인 것으로 확인되었다. 일부 브랜드는 정보공개서상에 등록되지 않은 상표권을 등록되어 있다고 기재하고 있었다. 이런 경우 허위 정보 제공 행위와 직결되어 위법한 행위로 간주할 수 있다. 가맹사업법 9조에는 가맹 본부가 가맹 희망자나 가맹점 사업자에게 허위 정보 또는 과장된 정보를 제공하는 것을 금지한다. 가맹 본부가 취득하지 않은 지식재산권을 취득한 것처럼 정보를 제공하는 것도 마찬가지로 금지한다(가맹사업법 시행령 8조 3항).

# 상표권 확인하는 법

❶ 포털 사이트에서 '키프리스' 검색 후 '특허청 검색 서비스'를 클릭한다.

❷ 사이트 내에서 '상표' 탭을 클릭한다.

❸ 검색할 상표 입력 후 '검색' 버튼을 클릭한다.

❹ 해당 상표나 상호를 클릭하면 상세 정보를 볼 수 있다.
표시한 부분이 가장 중요하다.

**❺ 출원만 해 놓고 반려된 경우도 적지 않으므로, 반드시 상태까지 확인한다.**

| | 구분 | 상세내용 |
|---|---|---|
| | 출원/심사대기 | 상표출원서가 출원일 인정요건을 갖추어 특허청에서 수리되었으나, 심사관 배정이 되지 아니한 상태 |
| | 출원/심사 중 | 상표출원서가 출원일 인정요건을 갖추어 특허청에 수리되고 심사관 배정이 된 상태 |
| | 출원/거절결정에 대한 불복절차 진행중 | 출원상표의 등록에 대한 거절결정(심결)에 대하여 불복이 제기되어 그 절차가 계속중인 상태 |
| | 출원/이의 신청을 위한 공고 | 출원상표에 대해서 심사가 되고 그 등록에 대하여 누구나 이의신청을 제기할 수 있도록 출원공고중인 상태 |
| | 출원/이의신청 절차 진행 | 출원상표에 대해 심사가 되고 이의신청을 위한 공고중에 이의신청이 제기되었으나 아직 그의 성립여부가 결정되지 않은 상태 |
| | 등록 | 출원상표가 특허청에 등록된 상태 |
| | 등록/취소·무효심판 절차 진행 | 출원상표가 특허청에 등록되었으나, 상표등록 취소 또는 무효심판청구에 의해 상표등록이 취소 또는 무효될 수 있는 쟁송이 계속중인 상태 |
| | 출원/거절/각하 또는 무효결정 | 출원상표가 특허청에 의해 거절결정되거나, 상표출원이 각하되거나 상표에 관한 절차가 무효되어 상표출원에 관한 절차가 종료된 상태 |
| | 출원/위하/포기 | 출원인이 상표출원을 취하하거나 포기하여 상표출원에 관한 절차가 종료된 상태 |
| | 등록/취소·무효 확정 | 출원상표가 등록되었으나 그 후 상표등록이 취소 또는 무효되어 상표등록원부에서 말소된 상태 |
| | 등록/포기 | 출원상표가 등록되었으나 그 후 상표권자가 자의로 상표권을 포기하여 상표등록이 상표등록원부에서 말소된 상태 |
| | 등록/존속기간 만료 | 출원상표가 등록되었으나 그 후 상표권 유지를 위한 존속기간 갱신등록을 하지 않아 존속기간이 만료되어 상표등록이 상표등록원부에서 말소된 상태 |
| | 기타 | 법적 상태가 불확실하거나 알 수 없는 경우나 상기의 법적상태에 포함되지 아니한 상태 |

**❻ 등록되어 있더라도 어떤 종류에 해당하는 상표인지 확인하는 것이 중요하다.**

**출원 연월일** : 2020년 03월 25일
**출원공고 연월일** : 2021년 01월 14일
**등록결정(심결)연월일** : 2021년 03월 22일

**지정상품 또는
지정 서비스업**

**존속기간(예정)만료일** : 2031년 03월 30일

**출 원 번 호** : 40-2020-0049326
**공 고 번 호** : 40-2021-0005422
**상품류구분수** : 1

**제43류** : 레스토랑서비스업, 가정배달 음식점업, 식당제안업, 셀프서비스식당업, 뷔페식당업, 한식점업, 간이식당서비스업, 패스트푸드식당업, 이동식레스토랑업, 도시락전문 음식점경영업, 매장 내외 제공용 식음료 준비 및 제공업, 식당 및 음식물 조달 서비스업, 즉석 식품 및 흄료 준비 및 제공업, 소매 및 테이크아웃 시설용 식음료 접대업, 기패 및 기패대리업업, 포장음식/음료 제공업, 테이그아오 식품서비스업, 레스토랑 및 호텔서비스업, 포장마차업, 키즈카페업

2021년 03월 30일 등록

---

### 고려해야 할 상표 등록 범주

· **제43류**: 레스토랑 서비스업
· **제35류**: 프랜차이즈 관련 사업 관리업

Chapter 3

# 배달 장사의
# 매출과 수익

# 객수와
# 객단가

우리는 앞서 장사의 정의를 시작으로 배달 장사 창업 방법 등 기본적으로 살펴봐야 할 것을 알아봤다. 지금까지 설명한 것만으로 배달 장사를 시작하기에는 부족할지도 모르지만, 당장 알아둬야 할 점은 모두 짚어보았다. 세세하게 알아야 할 것은 매장을 열고, 직접 운영을 시작하면서 경험으로 배워야 할 것들이다.

자영업도, 즉 배달 장사도 일종의 사업이다. 사업을 제대로 영위하려면, 사업의 매출 구조를 알아야 한다. 세무 기장도 대행업체에 맡기거나 추가로 사람을 써서 진행할 수 있겠지만, 사업을 운영하는 사장이 사업 계획을 세우려면 매출 구조를 반드시 알아야 한다.

배달 장사의 매출 구조를 설명하기 전에, 먼저 장사의 일반적인 매출 구조에 관한 기본적인 내용을 짚고 넘어가겠다. 배달 장사만을 영위하더라도, 가장 기본적인 장사의 매출 구조를 명확하게 이해해야 배달 장사의 매출 구조를 더 쉽게 이해할 수 있다.

우선, 장사의 매출은 객수와 객단가로 이뤄졌다. 주문 금액 곱하기 하루에 몇 건을 팔았는지, 홀에서는 얼마짜리 테이블을 몇 바퀴 돌렸는지, 또 평균적으로 테이블 하나를 돌렸을 때 얼마가 남는지 등, 매출을 산정할 때 이러한 계산이 필요하다. 즉, 객수와 객단가는 장사 매출 구조의 핵심이다. 상세한 항목은 배달 장사의 매출 구조를 설명할 때 다루겠으나 근본적인 장사의 매출 구조를 이해하는 데 가장 중요한 객수와 객단가를 먼저 이해하고 넘어가야 한다.

## 객수와 객단가의 정의

자영업자 대부분은 매출을 분석할 때 일 매출 또는 월 매출에 관해서만 고민하지, 실제로 장사의 기초적인 개념인 객수와 객단가는 고민하지 않는다. 필자는 항상 매장을 돌아다니면서 객수와 객단가 분석을 철저히 한다. 이를 통해 매장을 찾은 고객의 수와 고객들이 지출한 평균 비용을 확인할 수 있다. 그러므로 객수와 객단가는 굉장히 중요한 개념이다.

- **객수(Number of Customers):** 구매가 일어난 건수(구매 고객 수)
- **객단가(Customer Transaction):** 매출을 객수로 나눈 평균 금액
- **매출(Total Sales):** 객수 × 객단가

예를 들어, 금일 오전 9시부터 오후 9시까지 총 12시간 동안 매장을 운영했는데, 영수증 발급한 주문량은 35건이고 판매 총액은 730,000원이라고 해보자. 이때 객수는 35건이고 객단가는 20,857원이다. 매출은 판매 총액을 의미한다. 즉, 매출은 730,000(35 × 20,857)원이다. 위에 말한 용어의 정의는 이처럼 생각하면 된다. 이 숫자들을 나열하여 매장의 오늘 상황을 말하면, 다음과 같다.

**매장의 오늘 상황**

오늘 하루 총 35명의 손님이 방문했고(객수) 1인 평균 지출 금액은 20,857원이며(객단가), 총 매출은 730,000원입니다.

한 달 매출은 30일, 또는 31일 기준으로 체크하면 된다. 객수가 1,375건이고 객단가는 18,765원이라면, 한 달 매출은 25,801,875(1,375 × 18,765)원이다.

위의 예를 기준으로 하면, 한 달 총객수가 1,375건이니 일일 평균 객수는 45.83이다. 평균적으로 약 45건의 주문이 매일 발생하였고, 주문 한 건당 평균 객단가가 18,765원이라는 뜻이다. 즉, 고객 한 명이 평균적으로 18,765원을 소비했다는 말로 이해하면 된다.

## 객수와 객단가의 해석

결국, 매출을 증대하려면 객수와 객단가를 개별적으로든, 총괄적으로든 끌어 올려야 한다. 한편으로, 매출이 줄어든다는 것은 객수와 객단가가 떨어지고 있다고 이해하면 된다.

예를 들어, 객수는 평균 수치를 유지 중인데 매출이 떨어졌다는 의미는 곧 고객 1인당 구매하는 객단가가 낮아졌다는 의미이다. 반대로, 객단가는 평균을 유지하는데 매출이 떨어졌다면, 이는 객수기 떨어졌다는 의미이다.

이러한 객관적인 분석을 바탕으로 고민해보면, 매출을 상승시키는 데 필요한 요소가 무엇인지 알게 된다. 말하자면, 객수와 객단가는 가게 운영을 기획하는 데 필요한 가장 기초적인 자료라는 의미이다. 각 상황에 따라 어떤 점에 중점을 둬야 하는지 다음에 정리했다.

## 각 상황에 따른 마케팅 포석

· **객수를 올리기 위한 포석:** 배달 장사에서는 콜 수가 곧 객수이다. 콜 수를 늘리려면, 결국 좀 더 치밀한 마케팅 계획을 세워야 한다.

· **객단가를 올리기 위한 포석:** 고객이 한 가지만 구매하려던 것을 두 가지 구매하도록 하는 남다른 플레이팅 기술이나, 한 개만 주문하려던 것을 두 개 주문하도록 하는 2+1 이벤트 등 전략적인 마케팅을 펼쳐 고객들에게 충동구매를 일으킨다.

'객단가는 통제가 쉬운 변수이고, 객수는 통제가 어려운 변수이다'라는 게 일반 원칙이다. 이러한 원칙을 바탕으로 단순히 생각하면, 객단가를 올리는 게 매출을 올리기에 쉽다고 생각할 수 있다. 그래서 대부분 고민 없이 객단가, 즉 가격을 올려버린다. 하지만 가격에 한 번 손대면, 다시 조정하기가 어려우므로 신중하게 결정해야 한다. 그러므로 항상 객단가보다 객수를 늘리는 데 초점을 두고 기술이나 마케팅 기법을 개발하는 데 노력해야 한다.

장사를 시작하기 전에 이러한 매출의 기본 구조에 관한 개념을 파악한 후 장사를 시작해야 한다. 홀 장사에서 배달 장사로 전환할 때 일단 배달 장사를 시작한다고 가정하고 얼마만큼의 객단가로 어느 정도의 건수를 목표로 판매할지 예측하는 게 중요하다.

# 배달 장사의
# 매출 구조

이제 이러한 일반적인 장사의 매출 기본 사항을 바탕으로 배달 장사의 매출 구조를 설명하겠다. 우리나라에서 교회만큼 많이 보인다고 흔히 말하는 치킨집을 예로 들어보겠다.

지금은 추세가 많이 바뀌었지만, '1일 1닭'이라는 말이 있을 만큼 현재 대한민국 배달 장사의 50% 이상은 치킨 매장에서 이루어지므로 치킨집을 예로 드는 게 가장 적합하다고 생각한다. 2018년도부터 직접 개발한 브랜드를 영업하면서 만난 사장님들 80% 이상이 치킨집을 운영하고 있어서 치킨 매장의 구조와 마진에 관해서는 그 누구보다 잘 안다고 자신한다.

치킨집의 운영 비용을 구체적인 항목과 비중으로 이야기해보겠다. 아래 제시한 표는 일반적인 치킨집의 매출 대비 비용 비중과 순익을 나타낸다.

**[ 일반적인 치킨 매장의 매출 대비 비용 비중과 순익 ]**

| 항목 | 비중 |
|---|---|
| 원가율(원재료 + 원자재 + 부자재) | 40~60% |
| 배달 대행비(기본 대행료 + 기본 관리비) | 20% |
| 관리비(월세 + 수도 광열비 등) | 10% |
| 광고비(오프라인 + 온라인) | 10% |
| 순익 | 10~5% |

[ 자료 3-1 ] * 비중은 대략적인 수치이며, 브랜드별로 체감이 다를 수 있음

## 1 원가율

2018년부터 2019년 이전까지 직접 만난 치킨집 사장들이 체감하는 평균 객단가는 18,000원 정도였다. 그러나 2019년부터 최저 시급 문제가 대두되면서, 전반적으로 객단가가 약 2만 원을 넘어섰다.

배달 팁도 객단가를 올리는 요인이 되었다. 초창기에는 배달 팁을 손님에게 직접 받아오는 형태로 운영되었으나, 어느 시점부터 애플리

케이션에서 자동으로 결제하다 보니 그 배달 팁 또한 자동으로 매출에 잡히게 되었다. 배달 팁 부분까지 더해서 현재는 객단가가 약간 더 올라간 상황이다.

2만 원의 50%라고 하면 1만 원인데, 원가율이 정말 그 정도인지, 아직 장사를 시작하기 전인 예비 사장님들뿐만 아니라 일반 독자들도 의문이 들 수 있다. 심지어 치킨 원가를 파헤치자는 글들이 인터넷 커뮤니티에 종종 올라오면서 한때 논란이 되기도 했었고, 그 논란은 아직 가시지 않았다. 그런데 이렇게 생각해보면 어떨까?

치킨 한 마리를 팔기 위해서는 원재료[닭 + 배터믹스(치킨 파우더)]가 필요하다. 그리고 기본적으로 포장할 때 꼭 써야 하는 원자재에다가, 젓가락 등 편의를 위한 부자재가 추가로 필요하다. 그러므로 대한민국에서 평균적으로 쓰는 닭(8~10호)값만 가지고 치킨의 원가율을 판단하면 안 된다. 그렇게 하면, 대한민국 자영업자 대부분은 경제적인 위기에 봉착할 것이다.

특히 여기서 중점적으로 눈여겨볼 부분이 있다. 치킨을 홀에서만 판다면 포장 박스나 포장용 소금이 필요 없고 치킨 무 또한 저렴하게 쓸 수 있다. 기본으로 주는 양념치킨 소스 또한 일반 그릇에 담으면 되지만, 포장 혹은 배달 장사를 할 경우에는 이 모든 것을 따로 포장해줘야 해서 포장용 용기 비용으로 평균 5~10% 정도를 원가율에 추가해야 한다.

## 2 배달 대행비

처음 배달 대행 시스템이 나왔을 때는 더 이상 배달 직원한테 휘둘리지 않아도 되고, 홀 장사하면서 추가로 배달 장사도 할 수 있는데 특별하게 부대 비용이 들지 않는 장점 덕분에 자영업자들의 사랑을 듬뿍 받았다. 그러나 배달 대행 시스템이 전국적으로 퍼지고 유행하면서 독과점 형태로 변질되어 벌어질 후폭풍은 그 누구도 예측하지 못했다.

물건 하나를 더 팔 때마다 기본적으로 배달 대행업체에 지급하는 비용이 점점 늘어난다. 배달 대행업체의 영업 여부에 따라 배달 장사의 운명이 결정되니 배달업을 주로 하는 사업장은 이제 배달 대행업체가 하자는 대로 할 수밖에 없는 상황이 되어버렸다. 보통은 판매 금액의 약 15~20%의 수수료를 배달 대행업체에 내야 하고 이용한 서비스에 대해서 부가가치세를 인정받으려고 추가로 10%의 부가세를 내야 하니 점주들의 부담이 이만저만이 아니다. 그나마 얼마 전에 '배달 팁'이라는 시스템이 생기면서 배달 장사를 하는 자영업자들의 숨통이 조금은 트여 안정기에 접어들었다.

그러나 '쿠팡이츠'라는 주문 중계 플랫폼이 영업을 시작하면서 또다시 자영업자들의 숨통이 조여지기 시작했다. 게다가 2021년 시작부터 배달의민족은 쿠팡이츠의 시스템을 따라잡으려고 배달 속도에 따라 필터를 걸어 자영업자들에게 경쟁을 부추기는 상황이다. 쿠팡이츠가 배달의민족의 점유율을 뺏어오기 위해 라이더들에게 수많은 지원금을 뿌리자, 배달 대행 기사들이 이탈해 쿠팡이츠로 가버리니 2021년 시작과 함께 배달 대행 요금 인상은 어쩔 수 없는 상황이 되어버렸다. 물론 올라간 금액을 소비자에게 다 부담시킬 수도 있겠지만, 배달 대행비의 인상은 매출에 직접적인 영향을 끼치므로, 이 모든 피해는 사실상 배달 대행업체에 돈을 내는 자영업자들에게 돌아갈 수밖에 없다.

앞으로 배달 대행비 이슈는 자영업계에 있어서 언택트 시대의 최고로 중요한 논란거리가 될 것으로 생각한다. 배달 장사를 주업으로 삼고 있는 자영업자에게도, 추가로 배달 장사를 해야 할 자영업자에게도 매우 중요한 점이다. 앞으로 배달 시장이 더 커지게 될 테니 배달 대행 서비스를 이용하는 자영업자들이 피해받지 않고 장사할 수 있도록 세금 운용이나, 배달 대행업체와의 마찰 등에 있어서 법적 제도가 정착되어야 한다.

## 3 관리비

홀 장사, 배달 장사 모두 관리비 책정에도 신중해야 한다. 관리비는 말 그대로 가게를 운영하고 관리하는 데 들어가는 비용을 뜻한다. 기본적으로, 월세, 전기세, 가스비, 상하수도 요금, 건물 관리비 등이 모두 관리비에 해당한다.

홀 장사를 바탕으로 한 매장과 배달 장사를 기본으로 한 매장의 월세는 다를 것이고 전기료 또한 매장 운영 형태에 따라, 냉난방기 등의 전자제품 사용 규모에 따라 다를 것이다. 가스료도 LNG(도시가스), LPG(프로판가스) 등 사용하는 가스 형태에 따라 기본 비용이 달라질 수 있다. 그런데 홀 장사와 배달 장사 구분 없이 통상 관리비는 매출의 약 10%를 기준으로 모자라지도 넘치지도 않는 선에서 세팅한다.

## 4 광고비

근 몇 년간의 배달 시장 관련 기사를 찾아보면, 다들 알겠지만 배달 애플리케이션 이용이 대세다. '딜리버리히어로(요기요)'에서 '배달의민족' 인수, 그리고 2020년도 4월에 '배달의민족'이 수수료를 올리려다가 점주들의 저항에 막혀 실패한 사례 등 다양한 기사를 찾아볼 수 있다. 약 10년간 배달 시장에서 애플리케이션 업체가 얼마나 급성장해왔으며, 얼마나 배달 애플리케이션 의존도가 높아졌는지 느낄 수 있다.

과거에는 배달 직원들이 직접 뛰어다니며, 집 앞에 전단 종이를 붙이거나 전화번호부와 배달 지역 책자 등에 광고하는 등, 구전 마케팅(자영업자들 간에는 '가가호호 서비스'라고 부름)이 강세여서 기본적으로 지역 맛집들이 자리 잡기 좋은 형태를 띠었었다. 하지만 필자가 장사를 시작한 약 10년 전부터 배달 앱인 '배달의민족'과 '요기요'가 마케팅을 강화하며, 스마트폰의 보급과 함께 새로운 광고 시장을 개척해나갔다. 배달 애플리케이션은 지역 책자에서 시장 점유율을 끌어갔으며, 지금은 지역 책자들을 몰아내고 '배달 애플리케이션의 올바른 활용이 배달 장사의 성공을 가져온다'라는 말까지 생길 정도로 승승장구하고 있다.

그런데 과연 이러한 애플리케이션 중심의 배달 장사로의 변화가 점주들에게, 그리고 주로 배달 앱으로 사 먹는 이 시대의 고객들에게 유익한 변화인가 하는 물음은 항상 붙어 다닌다. 국가도 몇몇 배달 애플리케이션 업체의 독점을 막고자 '공공 배달 앱 개발'이라는 주제로 많은 토론과 논쟁을 펼치고 있다.

문제는 과도한 수수료 책정에서 불거졌다. 2만 원짜리 치킨 한 마리를 팔면, 적게는 약 3%대에서 많게는 약 18%대의 광고 수수료를 지급해야 한다. 물론 모든 수수료를 광고회사에서 가지는 것은 아니지만, PG(결제 대행) 이용료, 카드 수수료, 애플리케이션 이용 수수료, 애플리케이션 광고 수수료 등 다른 형태로 점주들에게 지출을 요구하고 있다. 점주는 소비자들의 좋은 선택과 평가를 받기 위해 부담이 큰 이벤트를 통해 출혈 경쟁에 참여하게 되어 본인의 수익을 쪼개 소비자들에게 나눠줘야 하는 처지에 놓여 있다. 그렇다 보니 매출의 10%, 혹은 20%까지 광고비로 지출해야 하는 경우가 속출하고 있으며, 그로 인해 점주들의 주머니 사정은 그 어느 때보다 좋지 못한 방향으로 흘러가게 되었다.

매출 대비 광고비를 적당히 책정하지 못하면, 심각한 자금난에 빠질 수 있다. 지나친 광고비 지출로, 매출은 증가하지만 수익은 줄어드는 상황에 빠져 흑자 부도가 날 수도 있다. 반드시 타당한 광고비 수준을 철저하게 파악하여 적정하게 광고비를 집행해야 한다.

## 5 인건비

최저 시급은 매해 오르고 있다. 특히 2019년 최저 시급 법안이 개정된 이후, 자영업자는 인건비 해결이라는 숙제에 시달리고 있다. 그렇다 보니 창업을 고민 중인 점주들에게 가장 먼저 물어보는 게 운영 형태이다. 부부 단위로 창업 문의하러 오는 경우에도 직원 고용 없이 부부가 함께 운영하려는 건지, 부부 두 사람에 추가로 직원을 고용할 예정인지 등 구체적인 운영 방식을 묻는다. 더해서 직접 오토바이로 배달할 예정인지 등 배달 방식도 확인하여 장사 방법을 어떻게 계획하고 있는지 정확하게 파악한다.

2021년 최저 시급이 8,720원이다. 여기에 주휴수당까지 계산하면, 근무 시간과 휴무 시간은 기준에 따라 다르겠지만 보통 12시간 풀타임 직원을 고용할 시 한 명당 약 250만 원 정도의 인건비가 발생한다. 앞서 알려준 수익률 계산법으로 약 250만 원의 인건비를 해결하려면, 어느 정도 매출을 올려야 하는지 계산해보자.

1,000만 원 매출 시 발생하는 평균 이익은 200~250만 원이다. 단순히 추가로 직원 한 명의 인건비를 감당하려면, 한 달에 약 1,000만 원에서 1,500만 원 정도 매출을 지금보다 더 올려야 한다. 하루 평균 30만 원 이상의 매출(객수로 환산할 경우 15건)을 추가로 올려야 직원 인건비를 충당할 수 있다는 계산이 나온다. 사장이라면, 이러한 공식은 항상 머릿속에 담아두고 있어야 한다.

그렇다 보니 직원을 쓰는 것보다 매출을 줄이더라도 부부 두 명이 본인들 인건비를 벌어간다는 생각으로 장사를 시작하는 것이 훨씬 타당하고 올바른 선택이다. 홀 장사는 최대한 매출을 많이 올려서 음식값에 정해진 높은 임대료를 최대한 많이 분할하여 수익을 올리는 방법을 취할 수도 있겠으나, 배달 장사는 임대료가 저렴한 대신에 한 건당 발생하는 배달 대행비가 음식값에 약 15~20% 정도이므로 많이 파는 방법을 선택하기보다는 지출을 줄이는 방법을 찾아 수익을 안정화하여 매출과 수익을 동시에 잡아야 한다.

| 월 매출 | 3,000만 원 |
|---|---|
| 식자재비 | -1,290만 원(매출의 약 43%) |
| 배달 대행비 | -450만 원(기본 3,000원 x 1,500건) |
| 일반 관리비 | -300만 원 |
| 광고비 | -300만 원 |
| 인건비 | -250만 원 |
| 순익 | 410만 원 |

[ 자료 3-2 ] 월 매출 3,000만 원 기준(하루 평균 매출 100만 원, 객수 50건)

위에 제시한 표에는 일반 관리비와 광고비(수수료 포함)를 좀 더 과하게 잡았으며, 이해가 편하도록 단편적으로 표현했다.

사실 일반적으로 매출 3,000만 원 정도의 배달 매장은 부부 단위로 창업해 운영하는 것이 적합하다. 만약, 가게를 운영하려는데 경험이나 기술이 없어서 표와 같이 식자재 비율이 높은 프랜차이즈 매장을 운영한다면, 본인 손에 거의 남는 돈 없이 하루를 마감해야 하는 상황이 올 수도 있다. 그러므로 홀 매장이 아닌 배달 매장 창업의 경우 어떠한 메뉴로 운영할 것이며, 어떠한 환경과 인원 구성으로 어느 정도 매출 구조를 목표로 할지 정확하게 정해 놓고 운영하는 게 중요하다.

배달 매장에서 광고비를 정하는 기준은 일반적인 홀 매장에서 나가는 월세와 비슷하다고 보면 된다. 수수료는 좀 차이가 날 수 있으나, 창업 이후 직접 온라인 상권을 잡아야 하므로 매출이 준다고 해도 광고비를 줄일 수는 없다.

| 월 매출 | 1,800만 원 |
| --- | --- |
| 식자재비 | -774만 원(매출의 약 43%) |
| 배달 대행비 | 사장 직접 배달 |
| 일반 관리비 | -180만 원 |
| 광고비 | -300만 원 |
| 인건비 | 0원 |
| 순익 | 546만 원 |

[ 자료 3-3 ] 월 매출 1,800만 원 기준

매출 3,000만 원으로 산정한 앞의 표와 비교해보면, 그 차이가 보일 것이다. 한 달 매출이 약 1,800만 원이라는 것은 하루 매출이 약 60만 원이라는 의미이므로, 주문량 또한 직접 배달해도 충분한 수준이다. 이때 매출 3,000만 원인 매장과는 직원을 고용하지 않아 인건비가 발생하지 않는다는 것에 큰 차이를 볼 수 있다.

지금까지 인건비를 중심으로 이야기했으나, 위의 두 표를 통해 배달 장사의 매출 구조를 분명히 인지해야 한다. 상세한 매출과 비용 내역을 파악하지 못하면, 수익을 남기지 못하고 허울뿐인 높은 매출로 세금이라는 늪에 빠지게 될 것이다.

## 6 순이익과 매출 해석

앞서 이야기한 내용만 보면, 배달 장사만 해서는 절대로 수익을 낼 수 없다는 생각이 들 것이다. 그 이유를 다시 치킨집으로 예로 들겠다.

치킨집의 프랜차이즈 수익 구조는 본사 수익과 가맹점 수익 등을 포함하여 약 수년 전부터 자리 잡았다. 배달 앱과 배달 대행이라는 시스템이 커지기 전에 만들어진 구조이기에 점주가 가져가는 수익이 현재 배달 장사와는 다르다. 더욱이 최근에 배달 장사 자체가 배달 앱 등 배달 대행 시스템 제공 업체에 맞춰 변화해서 수수료 등 비용이 점차 늘어난 상황이라 수익을 내기 힘든 구조에 봉착해 있다고 할 수 있다. 그러므로 배달 장사를 시작하려면, 자신이 장사하는 아이템의 원가율이 어느 정도이고, 더해서 포장 용기와 다른 서비스를 제공하여 발생하는 비용에 따라 충분히 수익을 낼 수 있는지 꼼꼼히 확인해야 한다.

만약 이글을 보고도 홀 장사로 만 원에 파는 음식을 단순히 배달 장사로도 만 원에 판매하겠다고 생각한다면, 위에 적은 글을 한 번 더 정독하라고 말해주고 싶다. 아직도 이해를 못 하는 독자를 위해 다시 한번 쉽게 설명하겠다.

예를 들어, 온라인에서 연필을 산다고 해보자. 물건값은 100원이지만, 배송비로 2,500원을 따로 내야 한 경험이 있을 것이다. 100원짜리 연필을 사기 위해 소비자는 2,600원을 내야 하는 것이다. 판매자는 이처럼 가격을 책정해야 손해 안 보고 연필을 판매할 수 있다.

배달 장사도 이와 다르지 않다. 어쩔 수 없이 홀에서 판매하는 음식 가격에 공식적이든 비공식적이든 최소 운송비라도 더하지 않으면, 수익을 낼 수 없다. 배달 장사로 고객에게 제공할 가격을 정확히 산출하려면, 현재 자신이 판매하는 음식이나 물건의 가격과 특성을 정확히 판단해야 한다. 과연 내가 이것을 판매했을 때 수익을 낼 수 있을지 시간을 들여 짚어보아야 한다.

다시 처음에 제시한 치킨집 매출 구조 표를 보자. 그 표를 보고, 저런 구조에서 내가 사는 동네 치킨집 사장님들은 어떻게 수익을 내고 운영하고 있는지 궁금할 것이다. 정답은 아닐 수도 있지만, 위에 제시한 표 중에 답이 있다. 아마도 그 치킨집 사장은 배달 대행비를 아끼기 위해 직접 배달을 다녀서 그나마 수익을 낼 수 있는 것일 게다. 아마도 대개 내 추측이 맞을 것이다.

매출 자체가 낮거나 물건을 팔아서 남기는 수익이 약 10% 이하라고 하면, 이미 장사를 많이 접해본 사장님들은 직접 배달해야 돈을 남길 수 있겠다고 바로 판단할 것이다. 약 10% 순이익에 약 20% 수준인 배달 대행비를 아껴서 약 30% 정도를 수익률로 잡는 방법을 택하는 것이다.

메이저 브랜드의 경우 규모의 경제를 통해 배달 대행을 부르더라도 매출을 약 1억 원까지 확대해서 10~15%의 적은 수익률이지만 수익을 가져가는 방식으로 운영하기도 한다. 메이저 브랜드는 본사에서 직접 대대적인 브랜드 광고를 해주어서 인지도를 만들어주므로, 오히려 작은 브랜드 프랜차이즈 가맹점이나 개인 매장보다 광고비 비중이 높지 않은 이점이 있을 수도 있다. 이런 점도 창업 준비할 때 미리 체크해서 브랜드를 결정하도록 하자.

이처럼 배달 장사는 홀 장사와 다르게 추가해야 할 항목이 발생할 수 있고 주변 환경에 따라 나가는 비용도 제각각이다. 반드시 위에 제시한 표에 본인의 상황을 대입하여 현재 상황에서 배달 장사를 적용해도 문제가 없는지 판단해야 한다. 그리고 홀에서 판매하는 메뉴 구성과 배달 장사로 판매할 메뉴 구성을 나누어 생각해보고 분석한 후 배달 장사를 시작해야 한다

# 배달 장사의
# 순이익 해석

순이익을 정확히 파악하는 것은 정말 중요하다. 발생할 비용을 모두 반영해 최종적으로 자신이 가져갈 순이익을 미리 꼼꼼하게 계산하지 않으면, 순이익이 아니라 순손실을 떠안게 될 수도 있다. 그야말로 일하고도 돈을 벌지 못하는 상황에 빠질 수 있다. 다시 말하지만, 우리는 자선 사업가가 아니다. 생계를 위해 돈을 버는 자영업자이다. 그러므로 충분한 이익을 가져갈 수 있도록 매출 구조를 파악하고 조정하는 건 무척이나 중요하다. 순이익을 다시금 꺼내 이야기하는 것은 이처럼 순이익을 정확히 계산하는 것이 매우 중요하기 때문이다.

다음에는 각 비용 항목에 따라 반드시 짚고 넘어가야 할 부분을 명확히 설명할 것이다. 일반적으로 많은 초보 자영업자가 놓치는 것 위주로 설명하겠다. 그 내용을 통해서 비용과 그로 인해 얻게 될 수익을 한 번 더 꼼꼼히 따지고 계산해보기를 바란다.

## 각 비용의 재해석

### 1 식자재비

홀 장사와 다르게 배달 장사는 식자재에 더해 포장 용기를 필수로 마련해야 하므로, 식자재 비용에 포장 비용을 추가한다. 보통은 식자재와 포장 용기 비용이 매출의 45% 아래로 형성해야 배달 장사에서 수익을 낼 수 있다.

### 2 배달 대행비

배달 팁을 제외한 배달 대행비의 경우 현재 지역별로 편차가 있지만, 기본 3,000원 초반대부터 시작한다. 수치상으로는 매출의 16% 아래로 형성해야 수지타산이 맞는다. 다음 장에서 설명할 배달 대행 시스템을 참고하여 판단하기 바란다.

## 3 일반 관리비

만약 이미 홀 매장을 운영 중인데 배달 장사를 추가한다거나 이미 배달 매장을 운영하고 있다면, 이 수치를 조정하기는 힘들지만, 만약 신규 입점을 준비 중이라면 충분히 조정할 수 있다.

| 월세<br>(매장 10평 기준) | 보증금 500만 원<br>월세 50(추천)~70만 원 |
|---|---|
| 가스 요금<br>(사용 형태에 따라 다름, 약 1%) | 매출 3,000만 원 기준<br>30~40만 원 |
| 전기 요금<br>(계약 용량과 계절에 따라 다름) | 매출 3,000만 원 기준<br>여름 50~70만 원, 겨울 20~40만 원 |
| 상하수도 요금<br>(건물 형태에 따라 다름, 약 0.5%) | – |

[ 자료 3-4 ] 적정한 일반 관리비 예시

## 4 광고비

광고비는 우선 가장 많이 쓰는 주문 중개 플랫폼인 배달의민족을 기준으로 설명하겠다. 배달의민족의 광고비는 '깃발'(배달의민족 포인트, 울트라콜)이라는 시스템으로 책정한다. 여기서 깃발이란, 각 매장이 배달 가능 범위를 정하는 기준을 말한다. 당연히 많은 깃발을 꽂을수록 더 많이 노출된다.

깃발 1개당 VAT 포함 약 88,000원이다. 이것을 일로 환산할 경우 하루 광고비는 약 3,000원 정도임을 알 수 있다. 다만, 깃발 1개만 운영할 경우 광고 성과가 좋지 않으니 조금씩 늘려가면서 효과를 테스트해봐야 한다. 깃발 시스템에 관해서는 다음에 자세히 다루겠다.

광고비는 책자 광고비와 배달의민족 등 모든 배달 애플리케이션 이용 광고비를 다 합산했을 때 매출의 10%를 넘지 않도록 한다. 단, 오픈 초기에는 광고비도 투자의 개념이기 때문에 10%를 넘길 수밖에 없다.

### 5 인건비

만약, 현재 장사를 하고 있거나, 앞으로 장사할 예정인데 함께할 동반자(동업자)가 없다면, 장사 계획을 다시 한번 고민해봐야 한다. 그럴 때는 직원을 고용할 수밖에 없기 때문이다. 동업자는 없고 직원만 많은 작은 가게는 절대로 수익을 낼 수 없다.

일 매출 100만 원까지는 부부 단위 장사를 추천한다. 추가 인원은 필요 없다. 이런 의미에서도 아이템 선정이 정말 중요하다. 만약, 바쁜 시간대에만 몰리는 아이템을 선정해 판매한다면, 절대로 인원을 원활하게 구성하기 힘들다.

# 효율적인 비용 적용

아래 표는 저자가 운영하는 프랜차이즈 회사의 돈가스 브랜드인 '감동까스' 안양 본점의 2020년 1월 매출 대비 비용을 기준으로 만들어 본 표이다.

**[ 2020년 1월 감동까스 안양 본점 매출 현황 ]**

| | |
|---|---|
| **월 매출** | 6,300만 원 |
| **식자재비(43%)** | -27,090,000원 |
| **배달 대행비(15%)** | - 9,450,000원(3,000원 * 3,150건) |
| **일반 관리비(3%)** | -약 207만 원<br>[겨울철: 월세(55만 원) + 가스비(60만 원) + 전기료(60만 원)] |
| **광고비(10%)** | -622만 원<br>배달의민족 깃발 20개(176만 원)<br>+ 수수료 평균 5.5%(346만 원) + 이벤트(100만 원) |
| **인건비(12%)** | -800만 원<br>풀 타임 직원 3명(점장 1명 + 세부 직원 2명)<br>· 안양 매장의 경우 오토로 운영 중<br>· 만약 사장이 직접 운영 시 다른 기준 도출 가능 |
| **정　　산** | 약 1,000만 원 |

[ 자료 3-5 ] '감동까스' 안양 본점 2020년 1월 매출 대비 비용 기준 표

아래 표는 2018년 9월에 '감동까스' 안산시 본오점 점주가 매장을 운영하면서 실제로 발생한 매출 현황을 정리한 자료이다.

[ 2018년 09월 감동까스 안산 본오점 매출 현황 ]

| 매출 | 정상 판매 | 바/결+카드+현금 | ₩ | 29,133,600 | 점유율 |
|------|----------|----------------|---|------------|--------|
| 지출 | 물대 | 식재료 모두 포함 | ₩ | 12,678,621 | 43.5% |
| | 운송비 | 배달 대행 | ₩ | 3,558,000 | 12.2% |
| | 광고비 | 배민/서비스 | ₩ | 1,734,718 | 6.0% |
| | 노무/공무 | 세금/월세 등 | ₩ | 2,146,140 | 7.4% |
| | 지출 TOTAL | | ₩ | 20,117,479 | 69.1% |
| 이익 | 매출 - 지출 TOTAL | | ₩ | 9,016,121 | 30.9% |

[ 자료 3-6 ] '감동까스' 안산 본오점 2018년 9월 매출 대비 비용 기준 표

[ 주1 ] 이익률은 세금, 월세 등에 의해 변동될 수 있습니다.
[ 주2 ] 배달은 배달 대행을 이용하고 있으나 일 약 10건 정도,
　　　　가까운 곳은 자체 배달을 하고 있습니다.
[ 주3 ] 배민 바로결제 외부 수수료 포함하였습니다(신용카드 수수료는 미포함).
[ 주4 ] 알바 1명 월 12회 출근하였습니다(월급 포함).
※ 현재 부부 운영을 하고 있으며, 9월 근무 일수 27일, 휴일 3일

위의 두 표를 나란히 열거해 보여준 이유는 조금 다른 두 매장의 상황을 비교하여 매출과 그에 따른 비용 계산 방식을 어떻게 다르게 적용해야 할지 참고해보도록 하려는 의미에서다.

두 매장의 매출에 차이가 크므로, 매출 대비 항목 비율에 따라 어떻게 운영하는 게 적합할지 이해하고 판단해보기를 바란다.

비율에서 가장 차이가 나는 광고비는 현재와 많이 다를 수 있다. 2018년도에는 경쟁이 심하지 않아서 광고비 비중이 작아도 매출이 잘 나오던 시기여서 덕분에 점주님들 부담이 크지 않았다. 그러나 현재는 코로나-19 발병 이후 경쟁이 더욱 심해지면서 광고비 비중이 증가했음을 체감할 수 있다.

대한민국

배달 장사의 정석

# 장사를 잘하지 못하는
# 자영업자의 마음가짐

## [ 하나 ] ' 꼭 이렇게까지 해야 해? '

배달의민족 앱의 '맛집랭킹' 상위권에 들어가 있는 매장들의 특징은 과하다 싶을 정도로 고객의 선택을 받으려고 정말 많은 부분에서 노력하는 것이다. 특히, 배달 장사의 경우는 더 심하다. 고객들의 환심을 얻으려고 손편지도 쓰고, 서비스로 경품도 다양하게 준비한다. 겨울에는 손난로, 여름에는 아이스 아메리카노를 서비스로 제공하는 등 철저하게 준비해 치열한 경쟁 속에서 살아남으려고 무던히 노력한다.

하지만 승승장구하는 점주들의 숨은 장사 이면의 노력을 모르고 초보 사장들이나 장사를 잘하지 못하는 사장들은 이렇게 말하고는 한다.

"이렇게까지 해야 하나요?"

"계속 이렇게 경품으로 퍼 주기만 하면 이윤이 얼마 안 될 것 같은데요?"

지금 쓰고 있는 손편지 하나가, 지금 준비한 천 원짜리 경품 하나가 늘어난 객수와 객단가로 돌아온다는 것을 모른다. 이러한 작은 정성이 한 번 찾아온 손님을 단골 고객으로 끌어들이는 포석임을 알아야 한다.

장사는 이윤을 남기는 것이 목적이지 베푸는 것이 아니다. 하지만 당장의 이윤이 작다고 하여 마케팅에 인색해지면 안 된다.

감동까스 본점의 경우 그날 만든 돈가스 위에 오른쪽 사진에서처럼 매일 날짜를 직접 적어 고객들에게 신선한 재료를 사용하고 있음을 어필하고 있다.

그리고 2020년 4월 초에는 깜짝 이벤트를 준비했다. 아침부터 비가 내려 쌀쌀한 날이었는데, 고객들에게 미니 우동을 추가로 증정하여 추운 날씨에 따뜻한 기운을 느끼도록 했다.

작은 우동 한 그릇이지만 고객에게 작은 웃음을 선사하고자 했고, 의도치 않게 이 이벤트가 여러 채널을 통해 알려지면서 감동까스의 브랜드 가치를 높이는 역할을 톡톡히 했다.

과한 서비스란 없다. 할 수 있는 한 모든 서비스를 제공하며, 고객의 선택을 받도록 해야 한다. 무작정 손해 보며 서비스하라는 것이 아니라, 전략적으로 계산한 후 다양한 이벤트를 펼쳐야 한다는 말이다.

감동까스의 주문 중개 플랫폼 리뷰 페이지

## [둘] ' 나는 사장이니까! '

직장 생활을 해본 점주들이나 처음부터 가게 운영에 뛰어든 점주들이나 어떻게 자영업을 하게 되었든, 장사를 잘하지 못하는 점주들에게서 이런 유형을 자주 본다.

"난 사장이니까 괜찮아!"

"난 사장이니까 조금 쉽게 해도 돼!"

"난 월급 주는 사람인데 더 부려 먹어도 되지!"

매우 잘못된 생각이다. 과거 IMF 이전 시대에도 이처럼 잘못된 생각을 하는 사장들은 드물었다.

사장은 매장의 보스(Boss)이자 리더(Leader)이다. 보스와 리더는 근본부터 다르다. 보스는 뒤에서 지시하는 사람이며, 리더는 앞에서 이끄는 사람이다. 어떤 역할이 더 중요한지는 상황에 따라 다르다. 때론 보스가, 때론 리더가 더 중요할 수 있다.

사업에 뛰어든 사장은 보스가 되어야 할까, 아니면 리더가 되어야 할까? 혼자 운영하는 매장이라면 어떻든 상관없지만, 직원 한 명이라도 고용한 매장에서 사장은 어떤 형태로든 앞장서서 이끄는 역할을 해야 한다. 그러려면 구성원들과 같이 고생하고 기뻐할 줄 아는 리더로서의 역할이 매우 중요하다.

　과거 필자는 속물이었을 수 있다. 돈만 많이 벌면 됐고, 직원들에게 급여만 맞춰 주면 되는 줄 알았다. 하지만 언젠가 이들이 다 떠나버리는 경험을 한 후에야 깨닫게 되었다. 나는 나의 성공에 밑거름이 되어 주었던 동반자들에게 그저 월급만 주면 되는 줄 알았고, 나의 성공은 내가 잘나서 이루게 된 줄 알았다. 하지만 시간이 흘러 혹독한 대가를 치르는 과정에서 절실하게 느끼고 깨닫게 되었다. 이들의 고통이 무엇이며, 이들의 아픔이 무엇인지를 말이다. 다시 일어서는 과정에서 맹세하고 또 맹세했다. 이제는 군림하는 보스가 아니라 같이 땀 흘리는 리더가 되겠다고!

　매장의 A-Z는 사장의 눈과 손에서 이루어진다. 이런 관념을 놓아버리기 시작하면 몸은 편할지 모르지만, 매출은 점점 줄어들게 되고 매장은 무너질 수밖에 없다.

## [셋] ' 난 TV가 좋아, 스마트폰 게임이 좋아! '

장사를 잘하지 못하는 사장들의 또 다른 특징 중 하나는 시도 때도 없이 TV를 보거나 휴대전화를 손에서 놓지 않는 것이다. 지점 점검차 방문해서 점주님이 뭐하는가 싶어 옆에서 흘낏흘낏 보면, 휴대전화로 게임을 하는 점주들이 종종 있다. 실제로는 이렇게 말할 수 없겠지만, 프랜차이즈 컨설팅하는 입장에서 냉정하게 이렇게 소리치고 싶다.

"나가! 당신 나가!"

본점 매장에 이런 직원이 있다면, 장담하고 분명히 저렇게 말했을 것이다.

매장 교육 또는 프랜차이즈 창업 컨설팅을 하면서 강조하는 것 중 하나가 휴식이다. 대한민국 근로기준법에도 분명히 근무 중 법적으로 근로자의 휴식 시간을 보장하게 되어 있다. 이 부분은 정말로 중요하다. 그래서 일정 시간 일하면 꼭 한 시간씩은 쉬게 해야 한다고 권한다.

그런데 휴식이 보장되어 있다고 하니 점주들이 그 시간에 TV를 보고 게임을 한다. 점주는 다르다. 물론 충분히 휴식을 취해야 하지만, TV를 보거나 게임을 하며 시간을 보내서는 안 된다. 쉬는 시간에는 손편지라도 하나 더 쓰고, 배달 후기를 크로스 체크해야 한다. 그러면서 편한 자세로 휴식을 취하라는 것이다. 쉬란다고 놀면, 6개월 안에 평생 놀게 될 것이다.

## [넷] ' 오늘 몸도 안 좋은데,
     매장 한 시간만 늦게 열자! '

매장 앞에, 배달 앱에, 각종 SNS에 영업 시작 시각과 마감 시각을 공지해 두었을 것이다. 이것은 고객들과의 공식적인 약속이다.

그런데도 매장에 손님이 없다거나 콜이 늦게 온다고 하여 매장 오픈을 맘대로 하는 사장들이 있다. 이는 고객을 우롱하고 기만하는 것이다. 정말로 나쁜 행동이다.

장사란 무엇이고, 어떤 방법으로 마케팅할지 어려운 이야기를 늘어놓으며 조언해주었을 뿐만 아니라 직접 쫓아다니며 힘들게 매출을 올려주었는데, 맘대로 오픈, 마감 시간을 어기고 고객과의 가장 기본적인 약속을 저버리면 노력은 한순간에 물거품이 된다.

사장의 게으름은 자영업 실패의 첫 번째 원인이다.

> **"**
>
> 잊지 마세요!
> 점주님이 늦게 온 10분 사이에
> 이미 고객은 왔다 갔습니다.
>
> **"**

## [다섯] '우리 집 음식이 최고야!'

SBS 프로그램 〈백종원의 골목식당〉을 한동안은 재미있게 보면서 필자도 참 많이 배웠다. 그 방송 내용 중에 이런 옹고집을 가지고 있는 사장들을 많이 봤다.

'우리 집 음식 맛 좋은데요?'

'백 선생님 입맛이 이상하신 거 같습니다.'

'우리 집은 좋은 재료만 엄선해서 쓰는데 맛이 없을 수 없습니다.'

'손님들은 다 맛있다고 하세요!'

음식점을 오랫동안 운영하신 분들은 이런 옹고집이 남다르다. 이러한 자부심을 절대 부정적으로 말하려는 것은 아니다. 오랜 시간 장사해온 분들은 맛에 관한 자신만의 철학과 신념이 깃들여 있기 마련이다. 오죽하면 이런 말이 있으랴!

'주방장과 커피 로스터들 고집 꺾으려면 가게 문 닫아야 한다.'

우스갯소리지만, 요리사들을 비하하려는 것은 아니다.

하지만 필자가 말하고자 하는 바는 음식 장사의 가장 기본적인 부분이다.

진정한 음식의 평가는 정당한 비용을 낸 후 먹고 마시는 고객이 하는 것이다.

과거에는 고객이 쉽게 음식을 평할 루트가 없었기에 그저 입소문을 통해 맛 평가를 듣거나 블로그를 통해 볼 수 있었지만, 지금은 절대 그렇지 않다. 고객들의 한 줄 평에 의해 가게의 평판이 결정되는 시대다. 따라서 신념이 깃든 나만의 맛보다는 대중성과 고객의 니즈를 충족할 맛을 추구해야 현실적으로 이윤을 더 남길 수 있는 시대이다.

프랜차이즈에서는 조리 경험이 없는 초보 사장이라 해도 며칠만 연습해 보면 다 요리를 만들 수 있도록 간단하고 쉬운 레시피를 제공한다. 그래서 아무리 못 해도 평범한 맛 평가를 받을 정도는 누구나 조리하도록 한다. 어디 가서도 맛으로는 '별점 테러' 당하는 후기는 받지 않도록 하는 것이다. 용기를 잘못 써서, 또는 배달 라이더의 실수나 매장의 주문 처리 실수로 인한 별점 테러는 받을지도 모르지만, 맛 평가로 지탄받기는 어려운 정도이다.

'어떤 매장이든 맛은 평균 이상이다'라는 말을 달리 해석하면, 사장이 지닌 맛 철학에만 의존해 조리해서는 안 된다는 말이다. 고객의 입맛은 정확하다.

 단순히 몇 명의 긍정적인 평만으로 고집을 피워서는 안 된다. 오랜 시간 노력이 깃든 맛있는 음식을 경험한 고객의 평에 항상 귀 기울여야 한다. 고객들은 자신이 생각하는 '맛'의 기준에서 벗어난 '또 다른 맛'이나 '형편없는 맛'을 귀신같이 찾아내고, 절대로 참지 않는다. 바로 매일 손에 쥐고 있는 스마트폰 배달 앱에 그 평을 남긴다.

 다시 한번 말하지만, 음식점 사장은 항상 마음을 열고 고객들의 평에 귀를 기울여야 한다. 반드시 그래야만 한다.

## [여섯] '경기가 너무 어려워서…'

대한민국이 경기가 좋았던 적이 있던가? 대한민국은 1, 2, 3월과 7, 8월 제외하고는 다 불경기다.

'경기가 안 좋다'라는 명제는 장사를 잘하지 못하는 사장들의 입버릇이다. 이런 얼토당토않은 말로 자신의 부족함을 합리화하지 말자. 장사가 잘 안되는 것은 제대로 하지 못하기 때문이다.

너무 냉정하게 이야기했다고 생각할지 모르지만, 이와 같은 자세로는 절대로 성공할 수 없다.

## [ 일곱 ] ' 광고? 또 해?! '

배달 전용 업장이라 하더라도 매장은 매장이다. 따라서 매장 입구나 문밖 등 계약상 허용된 모든 곳에 내가 팔고 있는 상품을 홍보해야 한다. 배달 중개 업체만 너무 믿으면 안 된다. 온라인 마케팅도 중요하지만, 최소 내 매장이 있는 동네만큼은 그 존재를 확실히 알려야 한다. 내 매장이 무엇을 판매하고 서비스하는지 적어도 동네 주민은 잘 알도록 해야 한다.

따라서 가용 가능한 나의 전용 면적 안에서 배너와 현수막으로 도배질을 해야 한다. 물론 너무 난잡하고 지저분하게 하면 안 된다. 깔끔하게 나의 주력 상품을 홍보하라! 이 또한 중요한 광고 마케팅 방법의 하나이다.

# [여덟] ' 아우, 낯 뜨거워!<br>어떻게 이런 문구를 써? '

배달의민족 앱의 내 페이지에서 판매하는 음식은 내 매장의 얼굴이고 돈을 벌어다 주는 소중한 상품이다. 그러니 고객의 눈에 잘 띄게 하려면, 무엇이든 해야 한다. 낯 간지러워도 음식 소개와 메뉴 소개 글에 잘난 척해야 하고 남들과는 다른 점을 부각하는 차별성 문구도 과감하게 넣어야 한다. 그러나 너무 창피해서 못 하겠다는 사장들이 있다.

'관종'이 되지 않으면, 배달 시장에서 살아남지 못한다! 평점 안 좋게 주는 소비자에게 굽신거릴 줄도 알아야 하고 뻔뻔하게 홍보할 줄도 알아야 한다. 창피하고 낯 뜨거운 일을 할 준비가 안 된 사람은 차라리 장사를 시작조차 하지 않는 게 돈 버는 길이다.

Chapter 4

# 배달 주문
# 서비스의 기본

# 배달 서비스
# 제공 방법

홀 장사 시에는 주방에서 조리한 음식을 홀에서 음식을 기다리는 고객에게 홀 서버가 바로 전달하면 된다. 하지만 배달 장사는 멀리 있는 고객에게 음식을 전달할 수 있는 운송 시스템을 구축하거나 대행해주는 업체를 이용해야 한다. 홀 장사에 배달 장사를 겸할 때도 운송 시스템 구축은 필수이다.

멀리 있는 고객에게 음식을 전달하는 것을 일반적으로 우리는 '배달'이라고 부르고, 고객에게 '배달'을 제공하는 일을 '배달 서비스'라고 이야기한다. 배달 서비스를 단순히 말하면, 고객이 음식을 먹고 싶어 하는 장소까지 음식을 가져다주는 서비스이다.

그렇다면, 멀리 있는 고객에게 음식을 온전하게 배달하는 방법에는 어떤 방법이 있을까? 조리한 음식을 포장하여 고객이 원하는 장소에 배달해주는 배달 서비스는 배달 주체에 따라 크게 두 가지 유형으로 나누어 볼 수 있다. 자체 배달 방식과 배달 대행 방식이 그 두 가지이다. 요즘 시대의 자영업자들은 배달 대행 방식을 주로 이용하지만, 자체 배달에 관해서도 숙지해야 다양한 상황에 대비할 수 있다.

배달 장사의 꽃은 누가 뭐래도 신속 정확한 배달 서비스이다. 배달 장사로 성공하려면, 배달 시스템을 완벽히 구축해 원활히 고객에게 상품을 전달해야 한다. 배달 시스템을 구축하려면, 배달 서비스의 종류와 방법을 잘 알고 있어야 한다.

## 자체 배달

### 1 자체 배달이란?

'자체 배달'은 말 그대로 매장에서 직접 배달하는 방식을 말한다. 그러나 자체 배달이라고 해서 사장이 직접 배달하는 것만을 의미하는 것은 아니다. 사업장 내에 자체 인프라를 구축하여 직접 구매한 오토바이와 직접 고용한 배달원을 통해 소비자에게 물건을 전달하는 형태를 말한다. 배달 대행 서비스 산업이 막 커지기 시작한 약 8~9년 전만 해도 대부분 가게에서 사람을 고용해 직접 배달하는 형태를 취했으나, 근래에는 배달 대행 서비스 산업이 커지면서 자체적으로 배달 시스템을 운용하는 음식점은 일부 중국집이나 메이저 치킨집 외에는 찾아보기 힘든 상황이다.

만약 현재 운영 중이거나 운영 예정인 가게가 배달만 전문으로 하는 가게이고 하루 건수가 약 50건 이상이라면, 고민해봐도 좋은 방법이다. 특히나 요즘같이 배달 대행 수수료가 차츰 올라가는 시대에 앞으로 배달 장사를 오래 영위할 예정이라면, 사장이 직접 배달하고 함께 움직여줄 직원을 뽑는 게 유리하다고 볼 수 있다.

다만, 이러한 방법은 가게 운영에 여러 문제를 발생할 수 있으며, 그러한 문제 발생 시 책임을 오롯이 사장이 떠안아야 한다. 그리고 오토바이 구매나 비싼 보험료를 감당해야 하는 등 초기 비용이 상당하다는 단점이 있다. 그러므로 홀 장사에 배달 장사를 추가하는 경우와 배달 건수가 적은 경우에는 이러한 방법이 적합하지 않다.

## 2 자체 배달 시 참고 사항

### ❶ 적합한 오토바이 종류

배달 서비스 제공 시 대부분 오토바이를 이용한다. 아무래도 좁은 골목이나 샛길을 자유자재로 이동할 수 있고 자동차보다 기동력이 좋아서 오토바이를 선호할 수밖에 없다. 다만, 오토바이는 자동차보다 안전상 부실하므로, 가능하면 예산과 안전성 면에서 최상의 오토바이로 선택해 운용하도록 한다.

오토바이는 면허를 기준으로 125cc 이상과 이하로 나누는 게 일반적이다. 예전에는 보통 배달 오토바이로, 110cc에서 125cc 사이의 시티100을 주로 이용했으나, 근래에는 보험료 절감을 위해서 99cc 시티100을 주로 이용한다. 사장이 직접 배달할 시에는 조금 더 운전이 편한 HONDA PCX와 SCR110을 이용하는 게 보통이다.

### ❷ 적합한 오토바이 보험

배달 서비스 제공으로 운송 수단 운용 시 다양한 사고에 노출되므로, 보험 가입은 필수다. 대게 오토바이는 자손(자기 신체 손해) 보험 가입이 어려우나 출퇴근 보험에 한정해서 가입할 수 있는 경우도 간혹 있다. 자차(자기 차 손해) 보험도 가입이 어렵다. 일반적으로는 책임 보험만 가입하는 경우가 많지만, 큰 사고에 대비하려면 대인과 대물 보험을 추가로 가입하고 운행해야 한다.

반드시 들어야 하는 보험은 크게 세 가지로 나누어볼 수 있다.

- **출퇴근 보험:** 말 그대로 출퇴근 시 적용되는 보험이다. 보험료가 저렴해서 배달 장사하는 사장들은 주로 이 보험에 가입해서 운행 중이긴 한데, 만약 사고 가해자일 경우 큰 피해를 볼 수 있다.

- **무상 운송 보험:** 일반적으로 자체 배달할 때 들어야 할 보험 형태이다. 무언가를 운송하기는 하지만, 운송을 서비스로 제공해 대가를 받지 않을 때만 보험 처리를 받을 수 있는 보험이다. 단, 이 보험은 쉬는 동안 대가 등을 받고 운송할 시 보험 처리 대상에서 제외될 수 있다.

- **유상 운송 보험:** 배달 대행 혹은 퀵서비스에 종사하는 사람은 반드시 가입해야 하는 보험이다. 말 그대로 물건을 수수료 혹은 대가를 받고 운송하는 경우 이 보험에 가입해야 충분히 보상을 받을 수 있으며, 보험 형태 중에 제일 비싸다.

[ 자료 4-1 ] 폭설로 인해 저자가 직접 차로 음식을 배달하는 모습

## 12대 중과실

- 12대 중과실에 해당하는 경우 보험 처리가 힘들 수 있으니 유의하여 운전하도록 한다. '교통사고처리특례법' 제3조(처벌의 특례)에 규정돼 있는 것으로, 이는 보험 가입 여부와 관계없이 형사 처벌 처리된다. 12대 중과실 사고는 다음과 같다.

❶ 신호 위반

❷ 중앙선 침범

❸ 제한 속도보다 20km 초과하여 과속

❹ 앞지르기 방법, 금지 시기, 금지 장소 또는 끼어들기 금지 위반

❺ 철길 건널목 통과 방법 위반

❻ 횡단보도에서의 보행자 보호 의무 위반

❼ 무면허 운전

❽ 음주 운전

❾ 보도 침범

❿ 승객 추락 방지 의무 위반

⓫ 어린이 보호 구역 안전 운전 의무 위반

⓬ 자동차 화물이 떨어지지 않도록 필요한 조치를 하지 않고 운전

# 배달 대행

## 1 배달 대행이란?

배달 대행이라는 것은 배달 라이더를 보유한 배달 대행 서비스 제공 업체를 이용하는 방법을 말한다. 최근에 배달 장사 운영 시 배달 서비스를 제공하는 주요한 방식이다. 이 책에서는 이러한 배달 대행을 이용한 서비스 제공 방식을 중심으로 이야기한다.

음식 가맹점이 배달 대행 사무실과 계약하고 메인 프로그램 서버를 이용해서 가맹점이 배달 내용을 프로그램 서버에 올리면 배달 대행 서비스를 관장하는 프로그램에서 배달이 가능한 기사에게 배달 요청(콜, Call)을 보내 고객에게 배달하는 방식이다. 배달 기사들은 음식점 혹은 고객에게 수수료를 받는다.

직접 배달 기사를 보유하고 운영하기에는 부담이 커서, 요즘은 대부분 이런 형태의 배달을 선호한다. 배달 대행 등장을 기점으로 모든 배달 기사 인건비가 올라가서 지금은 아예 자체적으로 배달 직원을 운영하기가 불가능한 상황이다.

오토바이나 프로그램, 운용 장비가 필요하지 않아서 초기에 쉽게 배달 서비스를 운용할 수 있다는 것이 배달 대행의 장점이다. 그리고 혹여라도 발생할 수 있는 배달 직원 사고 및 각종 위험에도 노출되지 않아서 장사에만 집중할 수 있다는 게 제일 큰 이점이다.

다만, 주문이 몰리는 시간대에는 배달 기사들을 정상적으로 운용하기 어렵고, 배달 기사의 성향에 따라 나쁘게 평가받을 수 있다는 단점이 있다. 아무리 사장이 정성을 들여 서비스를 제공하고 패키지에 공을 들여도 배달만으로 모든 게 물거품이 될 수도 있다. 배달 대행을 이용하는 것은 이처럼 때에 따라 심각한 리스크를 떠안아야 하는 단점이 있다.

배달 대행 전문 업체로는 바로고(barogo), 부릉(Vroong), 생각대로 등이 있으며, 그 밖의 각 지역에 특화한 대행 전문 업체도 있으니 배달 장사 창업 준비 시 꼼꼼히 살펴보도록 한다.

**[ '생각대로'와 '바로고' 배달 대행업체 비교 ]**

| 구분 | 생각대로 | 바로고 |
|---|---|---|
| 배달 건수 | 995만 건 | 700만 건 |
| 지점 수 | 720개 지점 | 550개 지점 |
| 제휴 가맹점 수 | 6만 개 가맹점 | 2만 8,000개 가맹점 |
| 연간 거래액 | 1조7,000억 원 | 1조 원 |
| 특징 | '플로우'라는 협업 툴 공개해 PC와 스마트폰으로 채팅, 업무 관리, 일정 공유 가능 | '바로고톡'으로 POS와 배달 대행 전용 프로그램을 연결하여 편리하게 이용 가능 |

[ 자료 4-2 ] 수치는 2020년 초 기준

## 2 거리 측정 방식

배달 대행 이용 금액은 '기본료 + 거리'로 산정한다. 여기에서 거리를 측정하는 방식에는 크게 세 가지로 나누어볼 수 있다.

**❶ 직선거리제:** 경로랑 상관없이 가게를 기준으로 가게와 주문한 목적지까지의 거리로 기준 삼는 방법이다. 제일 많이 사용하는 방법이며, 직선거리제를 기준으로 하는 게 점주에게도 이롭다.

**❷ 내비게이션 경로 기준 거리제:** 가게를 기준으로 하여, 내비게이션 경로로 거리를 책정하는 방법이다. 가게에서부터 주문한 목적지까지의 거리를 경로로 반영하여 기준 삼는 방식이다. 이 방식의 경우 직선거리제보다 경로 거리가 더 늘어날 수 있다.

**❸ 동 요금제:** 보통 항아리 상권이거나, 상권 규모가 작은 동네에서 많이 사용하는 방법이다. 말 그대로 가게 기준으로 거리상 비슷한 동끼리 묶어서 거리에 상관없이 요금을 책정하는 것을 말한다. 거리가 멀어도 추가 요금이 없고, 점주가 제일 저렴하게 쓸 수 있는 배달 대행 거리 측정 방식이다. 하지만 지금은 거의 적용하지 않는다.

다음 그림을 통해서 직선거리제와 내비게이션 경로 기준 거리제, 동 요금제를 비교해보겠다. 보기 쉽게 대림대학교에 있는 가맹점에서 비산초등학교에 가는 배달 건을 예로 삼았다.

직선거리제의 경우 지도 거리상 경로에 상관없이 거리를 정해서 산을 그대로 가로지른 1.2km 정도를 그 거리로 본다.

내비게이션 경로 기준으로 보면, 도로 경로가 산을 넘어갈 수 없어서 거리를 약 3.13km로 본다. 직선거리제보다 약 2km 가까이 경로 거리를 늘려 책정한 걸 볼 수 있다. 초보 사장은 이 부분의 차이를 모르고 계약하는 경우가 대부분이다.

[ 자료 4-3 ] 직선거리제의 경우 산을 가로지르는 직선거리 1.2km 정도로 거리를 계산한다.

## ❷ 내비게이션 경로 기준 거리제

[ 자료 4-4 ] 내비게이션 경로를 기준으로 할 시 산을 그대로 넘어갈 수 없으므로,
실제 경로 거리인 3.2km로 거리를 계산한다.

## ❸ 동 요금제

[ 자료 4-5 ] 동 요금제의 경우, 해당 동 전체를 같은 요금으로 책정해 배달 대행 서비스가 운영된다.

직선거리와 내비게이션 경로 거리가 크게 차이 나지 않을 시에는 문제가 없는데, 목적지 사이에 산이 껴있거나 철길 혹은 강을 가로지르는 다리가 있어서 돌아가야 할 경우에는 무조건 내비게이션 경로 거리가 늘어날 수밖에 없다. 그래서 초창기에는 직선거리제로 계약하는 경우가 대부분이었으나, 최근에 서비스를 시작한 신생 배달 대행 업체들은 자기들에게 유리한 내비게이션 경로 거리 기준으로 계약하는 경우가 늘고 있다.

요즘은 거의 없어지긴 했지만, 만약 장사를 시작하려는 곳에 동 요금제를 적용하는 업체가 있다면, 그 방법으로 계약할 것을 추천한다.

홀 장사에서 배달 장사를 추가할 예정이거나 배달 매장을 새로 오픈할 예정이라면, 배달 대행 서비스 업체와 계약할 때 이러한 점을 꼭 참고해야 한다.

## 3 배달 대행 수수료

다양한 배달 대행 업체가 있으나, 여기에서는 평균치로 수수료를 설명하겠다.

배달 대행 수수료는 크게 관리비(고정) + 배달비(건별)로 구성되어 있는데, 월 관리비는 콜당 요금이 올라간다. 기본 10만 원부터 시작해서 주문 수가 200건 이상이면 20만 원으로 상승한다. 따라서 관리비는 건당 1,000원의 수수료가 발생한다고 생각하면 된다.

대개 배달비는 1.5km 이내에는 약 4,500원이다. 여기에서 500m씩 추가하면 500원의 추가 비용이 발생하며, 배달 상황에 따라 할증료도 같이 붙는다. 매장 대부분에서는 4,500원을 기준으로 하여 업장이 2,500원을 부담하고 고객이 2,000원을 부담하는 형식을 선택한다.

## 4 배달 대행 할증 요소

배달 대행 요금 책정 시 기본요금에 추가로 거리에 따라, 날씨나 기후에 따라, 주중과 주말 기준으로 할증이 붙을 수 있다. 그러므로 이러한 내용을 미리 인지하여 판매할 음식의 판매가를 올바르게 정해야 한다. 그렇지 않으면, 매출이 늘어도 수익이 늘지 않고 오히려 손해를 볼 수도 있다.

❶ **요일에 따른 할증:** 월요일, 화요일, 수요일, 목요일, 금요일까지 평일에는 할증이 없지만, 토요일, 일요일, 공휴일, 명절의 경우 할증이 붙는다.

❷ **거리에 따른 할증:** 일반적으로, 직선거리 기준 통상 100m당 100원의 할증이 발생하는데, 최근에는 500m당 500원을 붙이는 새로운 기준을 적용하는 업체가 생기기 시작했다. 이때 단순하게 100m당 100원이니 500m면 500원 추가하겠거니 생각하지만, 500m 기준 500원 할증이라고 하고서는 100m만 거리가 늘어도 500원을 더 붙이는 업체도 있다. 예를 들어, 약 600m 추가되었는데 1,000원을 추가로 붙이기도 한다는 말이다. 그러므로 배달 대행 계약할 때 거리에 따른 추가 요금이 100m당인지 500m당인지 정확하게 확인하여 피해를 최소화해야 한다.

❸ **날씨에 따른 할증:** 강풍, 폭우, 태풍, 비, 눈 등 날씨 환경에 따라 금액이 할증된다.

❹ **시간 할증:** 예전에는 보기 힘들었던 할증 방식인데, 시간에 따른 인건비 문제가 대두되면서 최근 배달 대행 요금제에 추가한 새로운 할증 제도이다. 지역별로 편차가 있으나, 대게 22시나 23시 넘어 배달된 주문 건에 대해 할증이 붙는다.

배달 대행을 이용하려면, 세심하게 살펴봐야 할 것이 많다. 배달 대행은 지역별로, 회사별로 서비스와 계약 조건이 다르다. 이해가 안 되는 조항은 반드시 확인해야 하며, 좋지 못한 조건으로 판단되는 조항은 무조건 서명 전에 계약서 수정을 요청해야 한다. 무엇보다 처음부터 조금이라도 좋은 조건을 제시하는 대행업체를 꼼꼼히 알아보고 선택해야 한다.

홀 장사에 배달 장사를 추가하든 배달 전문점을 창업하든 배달 대행 요금을 명확히 계산하는 것은 배달 장사의 기본이다. 배달 대행 요금이 음식값의 16~20%를 차지하는데, 부가세 별도라는 걸 잊고 이용하다가 세금을 신고해야 할 때가 다가와 한꺼번에 부가세를 지급해야 하는 상황이 벌어지면서 경비 처리를 온전히 받지 못하는 경우를 적지 않게 본다. 그리고 배달 대행비를 특정 카드로 결제할 시 적립금을 충전해주거나, 일정 금액을 주면 현금영수증 지출 증빙을 받을 수 있도록 시스템을 마련한 업체도 있다. 보통은 이러한 것을 모르고 넘어가서 세무상 피해 보는 사례가 빈번하게 벌어진다.

이상으로, 배달 서비스의 방법과 각각의 차이점, 준비해야 할 사항들을 간략하게 정리해봤다. 이 글을 읽는 독자는 배달업을 준비할 때 이러한 점들을 미리 인지하여 창업할 때부터 이득을 보며 운영할 수 있기를 바란다.

# 주문 중개
# 애플리케이션의 종류

배달 시장은 결국, '배달 대행 시장'이다. 배달 장사를 하는 매장에서는 앞서 말한 대로 자체 배달보다 배달 대행을 선호하게 되있고, 배달 대행 시장은 나날이 커지고 있다.

배달 시장은 매년 빠르게 성장하고 있는데, 대한민국에서는 '배달의민족, 요기요, 쿠팡이츠', 이 세 개의 주문 중개 플랫폼(흔히 '배달 앱'이라고 말하는 플랫폼)이 배달 시장 전체를 장악하고 주요 매출을 발생시켜 준다. 그러므로 배달 대행 시장은 다시 '배달 앱 시장'이라고 말해도 과언이 아니다. 이러한 현실은 배달 애플리케이션에 관해 제대로 알지 못하고는 제대로 배달 장사를 영위할 수 없음을 의미한다.

이제 배달 장사를 시작하려면, 주문 중개 플랫폼 입점은 필수이다.

온라인 주문 중개 애플리케이션은 일종의 생활 앱이 되었다. 코로나-19로 집에 머무르는 시간이 길어지면서 항상 소지하는 휴대전화로 간편히 음식을 주문하고 배달받을 수 있게 되다 보니, 배달 앱을 이용한 배달 서비스가 강화될 수밖에 없는 상황이 된 것이다. 앉으면 눕고 싶고, 누우면 자고 싶은 게 사람의 심리다. 배달 앱을 통해 간편해진 음식 주문 방식을 코로나-19 이후에도 사람들은 떨쳐 버리지 못할 것이다. 휴대전화 화면 터치 몇 번으로 음식을 받아볼 수 있는 이 편리함을 넘어설 배달 서비스가 개발되지 않는 한 배달 앱 시장은 더욱더 커질 것이다.

이제 배달 시장을 주름잡고 있는 주문 중개 애플리케이션 회사에 관해 간단히 설명하겠다. 배달의민족은 이후에 자세히 다루겠지만, 다른 회사들의 좀 더 자세한 내용은 해당 회사 홈페이지에 방문해서 살펴보도록 하자.

## ▶▶▶▶▶▶▶▶▶▶▶▶▶▶ 배달의민족 ▶▶▶▶▶▶▶▶▶▶▶▶▶▶▶

'우아한형제들'은 김봉진 대표가 창립한 회사로, 2020년에는 '딜리버리히어로'라는 독일 회사에 매각하며 한때 자영업자뿐만 아니라 전 국민의 관심을 한몸에 받았다. 수년 전 영화배우 류승룡을 앞세워 광고하며 급속한 매출 증진을 이루었으며, 현재 배달 시장에서 부동의 1위를 달리고 있는 기업이다. '배달의민족'이라는 소비자와 가맹점주를 연결해주는 중개 플랫폼을 기반으로, 현재는 배달 대행까지 연계하는 '배민라이더스(배민1)'라는 서비스를 같이 운용하고 있다.

'배달의민족 = 배달 장사'라는 공식이 생길 정도로 배달 장사에서 큰 포지션을 차지한다. 배달의민족의 주요 수입원은 흔히 알고 있듯이 울트라콜(깃발 꽂기) + 결제 대행 수수료(PG) + 주문 중개 수수료 등이다.

이 책에서는 주로 '배달의민족'을 중심으로 배달 장사에 관해 설명한다. 배달의민족을 이용하여 배달 서비스를 제공하는 자세한 방법은 다음에 계속해서 다룰 것이다.

# 요기요 (YOGIYO)

현재 우리나라에서 배달의민족의 뒤를 잇는 주문 중개 플랫폼 회사로서, 배달의민족과 마찬가지로 딜리버리히어로 코리아에서 운영한다. 딜리버리히어로는 글로벌 43개국에서 푸드 관련 산업을 주도하고 있을 정도로 회사 규모와 자본력이 튼튼하다.

TV 광고나 매스컴에 많이 노출하여 우리에게 친숙한 이미지를 만들고 있으며, '요기요데이'라는 것까지 추진할 정도로 고객들에게 행사를 자주 하는 기업이다.

대중에게 이미지가 좋은 편이지만, 배달의민족의 '울트라콜'같은 월정액 비용 책정 시스템이 없는 대신에 수수료가 타 애플리케이션보다 조금 비싼 편이다. 점주 입장에서는 비싼 수수료로 인해 항상 고민에 빠지게 한다. 그래도 운영 중인 브랜드의 프랜차이즈 본사가 요기요와 B2B 제휴를 하고 있으면, 수수료를 할인받을 기회를 제공한다.

최근에는 쿠팡이츠에서 제공하는 서비스와 비슷한 콘셉트를 적용한 '요기요 익스프레스'도 오픈하여 바로 뒤에서 추격해오는 후발주자인 쿠팡이츠를 견제하려고 서비스를 다양하게 기획하며 강화하고 있다.

# ▶▶▶▶▶▶▶▶ 쿠팡이츠 (Coupang Eats) ◀◀◀◀◀◀◀◀

2021년 시작부터 최고의 화두에 오른 기업 쿠팡에서 만든 주문 중개 애플리케이션이다. 배달의민족과 요기요와는 다르게 처음부터 '배달 주문 플랫폼 + 배달 대행 기능'까지 기본적으로 구축한 주문 중개 플랫폼이다. 만약 다른 앱 이용 시 광고비 계산뿐만 아니라 배달 대행 서비스 이용 자체가 불편하게 느껴졌다면, 이 플랫폼을 추천한다. 특히나 매장 장사를 중심으로 배달 장사도 추가하려는 계획이라면, 쿠팡이츠에 중점을 두고 장사할 것을 추천한다. 왜냐하면, 주문 중개부터 배달 서비스까지 한 번에 끝낼 수 있어 편리하고 물류비 계산만 잘하면 크게 신경 쓸 것 없이 좀 더 편하게 장사할 수 있기 때문이다.

쿠팡이츠는 1주문 1배달 원칙을 내세운 단건 배달의 원조 격이다. 그리고 '치타배달'이라는 서비스를 통해 빠른 배달(30분 내 배달) 서비스를 제공한다. 물론 서비스를 시행한 지 얼마 되지 않아서 많은 문제점을 아직은 내포하고 있는 편이다. 지금 글을 쓰고 있는 시점에도 쿠팡이츠의 라이더 수수료 문제가 언론을 통해 큰 이슈로 떠오르고 있다. 아직은 시스템을 자리 잡는 시기이다 보니 프로모션이 끝난 후 시스템상의 변화로 발생할 리스크는 염두에 둬야 하지만, 과감하게 투자하는 쿠팡이 운영하는 데다가 2020년 코로나 시국에 제일 크게 성장한 중개 서비스이므로 발전 가능성을 무시할 수 없다.

# ▶▶▶▶▶▶▶▶▶▶▶▶▶ 카카오톡 주문하기 ▶▶▶▶▶▶▶▶▶▶▶▶▶

'카카오톡'은 전 국민이 사용하는 메신저 앱이 되었지만, '카카오톡 주문하기'는 대부분에게 굉장히 생소할 것이다. 이 책을 보는 독자뿐만 아니라 자영업자 대부분도 아예 한 번도 보지 못했거나, 실제로 이용해보지 못했을지도 모르겠다. 만약 카카오톡이 주문하기 서비스를 처음 도입했을 때 배달 대행업체와 협업을 잘 진행했거나 광고에 더 신경을 썼다면, 현재 주문 중개 애플리케이션 시장에서 제일 무서운 존재였을지도 모른다. 현재 우리 일상 속에 깊숙이 침투한 채팅 애플리케이션인 카카오톡을 연계한 서비스이니 당연한 예상이다. 카카오톡 주문하기는 바로 카카오톡 안에 추가로 탑재해 놓았다.

처음에 카카오톡이 주문 중개 애플리케이션 시장에 뛰어든다고 했을 때 모든 배달 대행 서비스와 주문 중개 애플리케이션 회사들은 긴장하고 지켜볼 수밖에 없었다. 하지만 사업 계획 과정이 원활하지 못해서인지, 카카오에서 더 많은 투자를 추진하지 않아서인지 확장 없이 조용히 운용 중이다. 현재는 그저 대기업 요식 업체와 연계해서 선물하기 기능 위주로 운영하고 있다.

3대 주요 주문 중개 플랫폼 업체에 자리를 내준 상황이지만, 카카오톡 주문하기 또한 우리나라 공룡 기업인 카카오에서 쥐고 있으므로 발전 가능성을 무시할 수만은 없다. 잘은 모르지만, 새로운 서비스를 계획 중인지도 모른다.

| 구분 | 일반 광고 상품 | 요기요익스프레스 |
|------|----------------|-------------------|
| 광고 상품 | · 우리동네플러스: 한 달간 해당 동 최상단 노출<br>· 우리동네포커스: 앱 내 우리동네 포커스 탭에 고정 노출 | - |
| 수수료 | · 주문 금액의 12.5%(부가세 별도)<br>· 월 정액: 79,900원 | 주문 금액의 12.5%<br>(부가세 별도) |
| 외부 결제 수수료 | 3% | 3% |
| 배달 팁 | 점주가 원하는 대로 설정 | 업주 2,900원 |
| 노출 기준 | 거리, 리뷰, 재주문율, 찜 수 | 거리, 리뷰, 재주문율,<br>찜 수, 신규 여부 |

[ 자료 4-6 ] '요기요'의 광고 상품과 수수료

| 구분 | | 이전 수수료 | 신규 수수료 | |
|------|------|-------------|--------------|------|
| 주문 중개 수수료 | | 2,000원 | 15% | |
| 외부 결제 수수료 | | 3% | 3% | |
| 배달 요금 | 12,000원 이상 주문 건 | 6,000원 | 6,000원 | 추가 배달비 고객이 부담 하도록 점주가 설정 가능 |
| | 12,000원 미만 주문 건 | 30% | - | |
| 최소 주문 금액 | | 불가 | 점주 설정 가능 | |

[ 자료 4-7 ] '쿠팡이츠'의 수수료

## 주문 중개 플랫폼과 배달 대행 업체

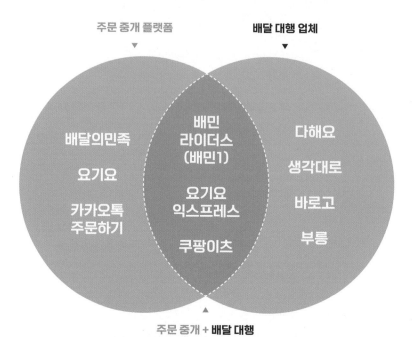

주문 중개 플랫폼 ▼                    배달 대행 업체 ▼

배달의민족          배민          다해요
                라이더스
요기요            (배민1)         생각대로

카카오톡          요기요          바로고
주문하기          익스프레스

                쿠팡이츠         부릉

▲
주문 중개 + 배달 대행

주문 중개 플랫폼 기업은 배달 대행까지 서비스를 확장하는 데 역점을 두고 있다.
주문과 배달 서비스를 일원화해 주문부터 배달까지 한 번에 이루어지도록 하는 추세이다.

[ 자료 4-8 ] 주문 중개 플랫폼의 배달 대행 서비스 병행

대한민국

# 배달 장사의 정석

## Chapter 5

# 배달 장사
# 필승 운영 전략

# 팬데믹 시대에
# 급성장한 배달의민족

## 배달 장사의 현실

코로나-19가 극심해지고 팬데믹 상황에까지 치달으면서, 자영업 시장은 무너져갔다. 그전부터 자영업에서 배달 서비스의 중요성은 날로 높아져 갔는데, 대비하지 못한 자영업자들은 더 힘든 상황에 빠졌을 것이다. 이제 일반 음식점뿐만 아니라, 카페나 마트 등 어떤 장사든 배달 서비스는 기본이 되었다. 그렇다 보니 서둘러 배달 장사에 뛰어들고, 준비하는 모습을 많이 본다. 제대로 알아보지도 않고 기본 지식을 배우지도 않은 채 배달 서비스를 시작하면서 허둥대는 모양새다.

명확한 운영법도 모르고, 손해 보면서 배달 장사에 뛰어든 사장들도 적지 않게 본다. 매출은 늘어 바쁘고 피곤하기는 한데, 막상 손에 쥐는 대가는 적어 난감해 한다. 뭐가 잘못되었는지도 모르고 몸만 축내는 것이다.

대부분은 배달 장사라는 게 그냥 애플리케이션만 설치하고 입점만 하면 되는 거 아니냐고 말한다. 그러나 배달 장사도 충분히 분석하고, 기획한 후 시작해야 한다. 단순히 새로운 채널을 추가하는 것이 아니라 새로운 영역에 진출하는 것으로 생각해야 한다. 일반적으로 장사에서 수익을 남기려면, 효과적으로 광고하고 계획을 세워 내 아이템이 시장에서 선택받아야 하는 것과 마찬가지로, 배달 장사라고 다르지 않다. 효과적인 운영 방법을 배우고 주변 상권을 분석한 후 정확한 판단을 내려 전략을 제대로 세워야 성공할 수 있다.

흔한 예를 들어 설명하겠다. 주변에 헬스장 다니는 사람을 많이 본다. 하지만 그중에서 그야말로 '몸짱'이 되는 확률은 20%에서 10% 미만이다. 그 외의 사람들도 헬스장에 다니는데 왜 몸짱이 될 수 없는 걸까? 그냥 운동하는 것과 몸짱을 목표로 하여 체계적으로 계획을 세우고 명확한 운동법을 적용해 운동하는 것은 전혀 다른 결과를 불러온다는 것을 누구나 알 것이다. 일반 매장 장사뿐만 아니라 배달 장사도 똑같은 맥락으로 생각하면 된다.

요즘 자영업을 하는 사장님 누구에게나 이와 같은 질문을 하면, 대부분 같은 대답을 할 것이다.

"사장님, 배달 장사도 하시나요?"

"요즘 같은 코로나 시국에 배달 장사를 하지 않으면 되나? 해야지."

그만큼 배달 장사는 자영업에 있어서 기본인 세상이 되었다. 그런데 과연 그저 '코로나 시국'이니까 다급하게 배달 장사하는 사장님들 중 제대로 배달 장사하는 분이 몇이나 될까?

만약 2만 원짜리 음식을 파는데 이것저것 부수적인 사항과 비용을 제하고 한 건에 2,000~3,000원 남는다면, 과연 배달 장사를 하는 게 맞는 걸까? 그리고 적정한 비용을 책정해 광고를 집행할 수 있는 분이 몇이나 될까? 대부분은 수익률이나 광고 비용을 계산하기보단, 오늘 배달로 얼마를 팔았는지만 계산하고 판단한다. 그래서 앞에서 먼저 배달 장사의 매출 구조를 설명한 것이다. 철저히 매출 대비 비용을 계산해서 광고비뿐만 아니라 모든 운영비를 집행해야 한다.

다른 모든 장사와 마찬가지로 배달 장사도 철저하게 준비해야 한다. 배달 음식점 창업을 준비한다면, 내가 정한 아이템을 제대로 장사하는 데 필요한 것이 무엇인지 먼저 파악하고 배달 서비스도 분석해야 한다. 내가 판매하는 제품이나 메뉴가 과연 어떤 소비자에게 집중적으로 노출되는 게 이로운지, 그들의 어떤 니즈를 충족시켜야 선택을 받을 수 있는지도 분석해야 한다. 주문 중개 플랫폼을 활용하는 법을 배우는 것은 기본이고, 자신의 사업을 분석하고 파악하고 깨달아야 성공한다.

그리고 현재 시장 상황도 파악해야 한다. 고객이 원하는 것이 무엇인지 알고 추세가 어떻게 흘러가는지 분석해야 하며, 그것에 맞게 계획을 세워 움직여야 한다. 아울러 이용할 주문 배달 중개 채널 분석도 빼놓아서는 안 된다. 몇 번을 계속해서 말하지만, 충분히 분석하고 공부하지 않고는 절대로 성공할 수 없다.


## 끝 모르는 배달의민족의 성장

배달 시장뿐만 아니라 자영업 시장 자체가 전쟁터다. 사람 사는 세상, 전쟁터 아닌 곳이 있겠느냐만 자영업 시장만큼 피 터지는 전쟁터가 없다고 생각한다. 아무래도 그 현장에서 매일 지쳐 쓰러지는 사장님들을 지켜봐야 하다 보니 이렇게 말할 수밖에 없다. 그런데 코로나-19 바이러스가 세상에 퍼지면서, 배딜 시장은 더더욱 처질한 전쟁터가 되었다. 홀 장사와 배달 장사로 양분되었던 것도 뒤죽박죽 섞이면서 지금은 배달 장사 위주의 이상한 모양새로 치닫고 있다.

코로나-19가 팬데믹을 불러오면서, '언택트(Un-tact)'라는 말도 등장했다. 그리고 세계는 지금 '언택트 시대'에 돌입했다고 이야기한다. 언택트란, '접촉하지 않는다'라는 의미이다. 언택트 시대에 돌입했다는 것은 서로 접촉하지 않고 수많은 일이 일어나는 시대라는 말이다.

즉, 사람과 사람이 접촉하지 않고 물건을 사고파는 일도 일상이 되었다는 말이기도 하다. 자영업에서도 그러한 영업 방식이 하나의 스탠더드로 자리 잡아가고 있다. 자영업에서 언택트 영업 방식의 확대는, 결국 배달 시장의 확대를 가져왔다.

이러한 시대에 제일 득을 본 업계는 어디일까? 자영업자? 아니다. 자영업자는 배달 장사라는 하나의 짐을 더 떠안게 되었을 뿐이다. 홀 장사에만 전념했던 매장도 어쩔 수 없이 배달 장사에 뛰어들어야 하는 상황에 몰렸다. 급성장을 이룬 업계는 바로 주문 중개 애플리케이션 업계이다. 수많은 자영업자가 분야와 상관없이 배달 대행 서비스 제공 애플리케이션 플랫폼에 입점해 배달 장사를 시작하면서 배달 시장을 손에 쥔 배달 중개 서비스 업체들은 크나큰 수혜를 보게 되었다. 그중에서도 배달의민족은 엄청난 성장세를 이어가고 있다.

다음 표에서 보는 것처럼 코로나-19가 기승을 부린 2020년 배달의민족의 매출과 연간 거래액은 사상 초유의 증가세를 보였고 2021년도 다르지 않다. 배달의민족의 성장에 따라 배달의민족을 이용하는 자영업자 매출의 합도 15조 원을 넘겼다. 이러한 성장세를 통해 배달의민족을 잘 이용하는 것이 얼마나 중요한지 깨달았을 것이다. 이제 배달 장사로 성공하는 데 배달의민족의 효율적인 이용은 필수가 되었음을 알 수 있다.

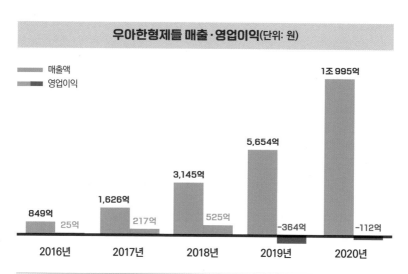

[ 자료 5-1 ] 출처: (주)우아한형제들

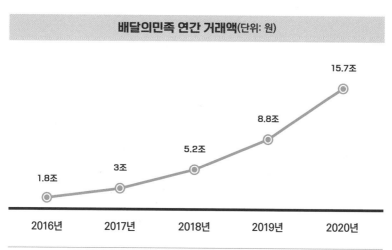

[ 자료 5-2 ] 출처: (주)우아한형제들

# 배달의민족
# 활용법

## 배달의민족 알아보기

### 1 대한민국 대표 배달 앱인 배달의민족

앞서 이야기한 대로 배달의민족은 우리나라에서 대표적인 주문 중개 플랫폼이다. 전단 체제에서 주문 중개 서비스가 발달한 시점부터 단연 배달의민족이 배달 시장의 주도권을 잡고 있다. 2020년 배달 앱 점유율 60%에 달할 만큼 배달의민족의 독주는 무시할 수 없는 수준이다.

게다가 우리나라 최초의 배달 앱인 '배달통'이 서비스 종료하면서 그 독주는 더욱더 가열차게 이루어질 것으로 보인다. 이제는 아예 '배달 장사 = 배달의민족'이라고 얘기할 정도이다. 배달의민족을 모르고는 배달 장사로 성공할 수 없다고 해도 과언이 아니다.

배달의민족은 처음부터 한국 사람의 마음을 사로잡을 만한 슬로건과 문구를 내세워 배달 시장을 공략했다. 아무리 지금 배달의민족이 수수료 때문에 욕을 먹고 있지만, 이용자 수가 제일 많은 것에 비해 타사 대비 수수료가 낮다고 할 수 있다. 물론 장점만큼 단점도 많다. 우선 업자 간 경쟁이 심하고, 점주의 개인 역량과 초반 마케팅 정도에 따라 광고 성과가 완전히 다르게 나오는 점을 알아둬야 한다.

'감동까스'와 '오진당'이란 브랜드를 직접 점주들에게 세팅해주면서 초반 광고 수준에 따라 매출이 얼마나 다르게 나오는지 직접 체험하고 있다. 배달의민족 시스템 자체가 '리뷰'나 '맛집랭킹'과 같은 로직을 고객에게 어필하는 구조로 돌아가고 있어서 좋은 리뷰가 달리지 않는 업체는 고객의 선택을 받기 어렵다.

배달 장사를 영위하는 데 배달의민족을 꽉 잡고 움직일 수 있다면, 배달 장사의 큰 맥을 다 잡고 장사할 수 있다고 말해도 과언이 아니다. 그야말로 큰 매출과 좋은 이익을 보장할 수 있다.

## 2 배달의민족 활용 팁

그렇다면, 배달의민족을 이용할 때 업주로서 조심해야 할 것은 무엇일까? 여러 가지가 있겠으나 가장 조심해야 할 것은 앞에서 벌고 뒤로 빠지는 구조상의 문제이다.

지금 어느 정도 운영을 잘해 매출이 잘 나오고 있다고 해서 무작정 배달의민족의 정책에 따라가기만 하고 다른 매장과 차별점 없이 접근해서 계속 좋은 매출을 뽑아낼 수 있을까? 나는 아니라고 본다. 물론 배달의민족이 온라인 마케팅에 기반을 두므로 좋은 매출을 위해서는 일단 기본적으로 앱 전면 노출과 좋은 고객 리뷰가 동반되어야 좋은 성과를 올릴 수 있는 것은 분명하지만, 장기적으로 봤을 때 무작정 싸게 팔고 노출에만 집중할 수 없다. 그러므로 현재 처한 상황과 성과에 따라 접근하는 방식도 달라야 한다.

배달 장사를 시작하면 앞으로 자영업자 관리 페이지인 '배민사장님광장'에 셀 수 없이 접속할 것이다. 배달의민족의 기본적인 이용법은 홈페이지에 방문해 살펴보기만 해도 충분히 배울 수 있다. 각종 혜택 정보부터 배달 매장 운영법까지 다양한 정보를 제공하므로, 특히 초보 사장들에게 많은 도움을 주고 있다.

'배민아카데미'라는 온라인 교육 페이지도 운영하여 배달 장사를 막 시작한 자영업자에게 수준 높은 교육 콘텐츠를 제공하고 있다. 이처럼 배달의민족이 다양한 교육 콘텐츠를 제공하는 것은 자영업자가 살아야 배달의민족도 발전할 수 있음을 잘 알기 때문일 것이다. 배달의민족을 이용하는 점주들은 반드시 이러한 배달의민족이 제공하는 서비스들을 이용하여 배달 장사 운영에 도움받도록 하자.

## '배달의민족' 입점 방법

- **입점 시 필수 서류**
  - 사업자등록증, 영업신고증
  - 정산받을 계좌의 통장 사본
  - 메뉴판 사진

- **입점 방법**
① 담당자를 통해 입점
  - 배달의민족 본사 담당자를 통해 입점 시: 2~3주
  - 배달의민족 지역 담당자를 통해 입점 시: 1~2주

> 담당자 연락처를 알지 못할 시 배달의민족 고객센터에 연락해 입점 신청을 진행하면, 담당자를 연결해준다.

② 배달의민족 홈페이지를 통해 입점
  - '배민사장님광장'에 접속하여 회원 가입 후 '입점 신청하기'를 클릭하여 진행
  - 자세한 내용은 '배민사장님광장' 웹페이지 참고

\* '배민사장님광장' 홈페이지

## 3 배달의민족의 배달 대행 서비스

업주가 배달의민족을 활용할 때, 단순히 주문 중개 서비스만 이용할 수 있고 주문 중개부터 배달 대행까지 배달의민족으로 일원화할 수도 있다. 이러한 일원화를 통한 배달 서비스는 '배민라이더스'와 '배민커넥트'를 통해 이루어진다. 배달의민족을 통해 주문을 받은 후 바로 배달 대행을 자동으로 요청해 한 번에 모든 서비스를 제공하도록 하는 시스템이다. 배달 대행을 다른 업체에 맡기는 번거로움 없이 주문부터 배달까지 한 번에 진행할 수 있어 편하고, 주문이 들어오면 가까이에 있는 배달원이 자동으로 잡혀서 배송 지연을 신경 쓸 필요 없이 신속히 배달할 수 있다는 장점이 있다.

배민라이더스와 배민커넥트는 몇 가지 차이점이 있는데, 특히 근무 시간에서 그 차이가 크다. 배민라이더스가 풀타임 근무제라고 한다면, 배민커넥트는 원하는 시간에 시간제로 일하는, 사실상 아르바이트 개념이다. 물론 자신이 원하는 시간에 원하는 만큼 일할 수 있는 자율 근무 아르바이트 형태이다. 배민라이더스의 라이더는 반드시 오토바이로 배달해야 하며, 배민커넥트의 라이더는 다양한 수단을 이용해 배송할 수 있다. 오토바이, 자동차, 자전거, 킥보드, 도보 등 원하는 배송 수단을 정할 수 있다. 그런데 각 배송 수단의 배송 거리에는 다음과 같은 제한이 있다.

배민라이더스의 라이더가 되려면, 반드시 세 가지 조건을 충족해야 한다. 먼저 만 19세 이상이어야 하며, 앞서 이야기한 대로 개인 소유의 오토바이가 있어야 한다. 아울러 유상운송종합보험이나 유상운송책임보험에 개인적으로 가입해 있어야 한다. 배달의민족에서는 이 조건을 충족하지 못한다면, 배민커넥트에 가입하도록 유도하고 있다.

최근에는 앱을 전면 개편하면서 '배민1(One)'을 출시했다. 배민1은 쿠팡이츠가 서비스하는 단건 배달과 같은 배달 서비스이다. 기존의 '번쩍배달' 서비스를 확대, 개편한 서비스라고 생각하면 편하다. 주문부터 단건 배달까지 한 번에 제공하는 서비스로, 배달의민족에서 운영하는 배달 대행원인 배민라이더스와 배민커넥트의 라이더가 배민1 서비스를 수행하게 된다. 기존의 배민라이더스는 신규 서비스 신청이 중단되었고 배민1으로 이전하여 운영한다.

배달의민족에서 업데이트한 앱의 새로운 화면에는 크게 '배달, 배민1, 포장' 카테고리가 메인 상단에 들어가 있다. 고객이 주문 배달 서비스를 이용할 시 간단하게 일반 배달로 주문할지, 배민1으로 주문할지 결정하게 되어 있다. 한마디로, '배달'은 다른 배달 대행 업체를 통해 배달하는 주문 서비스이며, '배민1'은 배달의민족에서 주문부터 배달까지 한 번에 제공하는 서비스이다. 앞으로 배달의민족에서는 배민1에 중점을 두고 서비스를 강화할 것으로 보인다. 주문뿐만 아니라 가게 노출 또한 개별 카테고리에서 이루어지므로, 업주는 어쩔 수 없이 배민1 서비스를 무시할 수 없다. 업주가 배민1 서비스를 활용하려면, 개별적으로 배민1 매장에 입점해야 한다.

앞서 말한 대로 배달의민족의 주문 서비스뿐만 아니라 배달 대행 서비스까지 일원화해 이용하면 편리하다는 장점이 있으나 상황에 따라 비용이나 운용상 유연성에서 단점이 드러날 수도 있다. 그러므로 다양한 관점에서 충분히 검토해보고 효율적인 방법을 선택하도록 하자.

## '배민의민족' 배달 대행 이용료

**❶ 배민라이더스 이용 수수료**

· 부가세 포함 건당 주문 금액의 16.5%(결제 대행 수수료 포함)
  + 주문 건당 배달비(정액제)
· 정산 방식

**매출 금액 – 차감 금액(서비스 이용료, 배달 팁 할인 비용) + 조정 금액**

배민라이더스 배달 비용은 건별로 내는데 일단 최초에 통상 3,300
~3,500원(지역마다 상이)을 대부분의 업장에서 정액제로 세팅한
다. 노출 반경 거리 5km를 벗어나도 업주가 내는 비용은 2,900원
으로 고정이다. 그리고 고객이 추가로 업주와 나눠 내는 배달비는
주문 비용과 배달 거리에 따라 달라진다.

예를 들어, 업주가 비용을 2,900원으로 세팅했는데 고객 입장에서
거리가 가깝다면, 배달비가 0원부터 500원, 700원, 1,000원 정도
로 나올 수도 있다. 하지만 업주가 배달비를 1,000원으로 세팅했
다면, 고객의 배달비는 3,000원부터 시작한다.

**❷ 배민1 이용료(VAT 별도)**

**주문 건당 중개 이용료 12% + 카드 수수료 및 결제 이용료 3%
+ 주문 건당 배달비 6,000원**

**＊ 쿠팡이츠의 이용료**

주문 건당 중개 이용료 15% + 카드 수수료 및 결제 이용료 3%
+ 주문 건당 배달비 6,000원

## 4 배달의민족의 기본 상품

배달의민족 앱을 실행한 후 '배달' 탭에 접속해 제일 위에 보이는 3개의 업체는 '오픈리스트' 이용 업체이다. 그다음 아래에 '울트라콜' 광고를 진행한 업체가 나오는데, 바로 우리가 흔히 부르는 '깃발 꽂기'가 이 부분에 해당한다.

깃발이란, 매장 노출 지역을 설정할 수 있는 도구를 말한다. 깃발을 꽂은 곳을 기준으로 노출 지역이 정해진다. 깃발당 가격은 부가세 포함 88,000원이며, 여러 개 구매가 가능하다. 그 이외의 광고는 중개 수수료 기반의 광고이다. 오픈리스트 광고는 랜덤 노출 광고로서, 부가세 포함 주문 금액의 약 6.8%가 수수료로 책정된다.

배민1 이용 시에는 4km까지 광고 노출이 되며, 배달의민족(배달 탭) 광고도 함께 진행할 수 있다. 그래서 배민1을 이용한다고 해도 울트라콜 광고가 중요하다. 만약 배달의민족 광고(울트라콜, 오픈리스트 등)와 배민1을 동시에 진행한다면, 주문 발생 시 어느 쪽에서 주문이 들어온 것인지 잘 확인해야 한다. 배민1으로 주문이 접수되었으면 라이더가 자동으로 배차되지만, 배달의민족으로 주문이 접수되었으면 별도로 배달 대행사에 배차를 요청해야 한다. 배달의민족과 배민1 주문을 제대로 확인하지 않으면, 배달 지연 문제가 발생할 수 있으므로 반드시 꼼꼼히 확인하여 실수가 없도록 한다.

'배민포장주문'이라는 상품도 이용할 수 있는데, 일종의 예약 주문 서비스이다. 포장해 가든 매장에서 식사를 하든 고객이 사전에 시간을 정해 주문 예약할 수 있도록 한 것이다. 예를 들어, 고객이 퇴근 전에 '배민포장주문'으로 예약하면 퇴근하면서 음식을 받아가거나 매장에서 바로 예약한 시간에 식사할 수 있다.

사실 배달의민족은 다양한 서비스를 신규로 진행했다가 중단하는 사례가 많았다. 그리고 정책이 자주 바뀐다. 그래서 기본적으로 구성한 것 외의 서비스는 계속해서 수시로 배달의민족 홈페이지에 접속해 정보를 업데이트해야 한다. 배달의민족 애플리케이션은 항상 자신의 손바닥 위에 두고 자주 이용해봐야 한다. 배달의민족이 정책을 변경하더라도 자유롭게 이용할 수 있을 만큼 변화를 즉각 수용할 수 있어야 한다.

---

## '배민의민족' 광고 상품 이용료

- **울트라콜 광고(필수) 수수료:** 깃발 1개당 월 88,000원(그 외의 수수료 없음)

- **오픈리스트 광고(선택) 수수료**
  - 선 결제 시: 중개 수수료 7.48%(부가세 포함) + 선결제 수수료 3.3%
  - 만나서 카드 결제 시: 중개 수수료 7.48%(부가세 포함)
                        + 카드 결제 수수료 3.3%
  - 만나서 현금 결제 시: 중개 수수료 7.48%(부가세 포함)

**\* 배달의민족으로 주문 서비스만 이용할 때는 깃발 개수에 따른 광고 수수료만 발생한다.**

# 전략적인 배달의민족 이용법

## 1 깃발 꽂기의 기본

깃발 꽂기, 즉 울트라콜 광고는 배달의민족의 가장 기본적인 광고 상품이다. 사실상 깃발 꽂기를 하지 않고는 배달의민족에서 배달 장사를 제대로 진행할 수가 없다.

요즘 배달의민족 앱을 들여다보면, 깃발이 지나치게 많은 것을 볼 수 있다. 2021년 업데이트 이전에는 깃발을 어떻게 꽂는지가 배달 매장의 매출에 지대한 영향을 주었지만, 2021년 업데이트 이후에는 사람마다 차이를 주어 노출하도록 시스템이 바뀌었다.

그래서 '깃발에 종전처럼 계속 투자를 해야 한다 vs 이제 깃발은 의미가 없다'라는 두 가지 의견이 팽배하다. 하지만 거대 기업이 절대 손해 보는 장사를 할 이유가 없기에 한시적으로는 깃발의 역할이 축소되는 것처럼 보일 수 있으나 향후 업데이트 및 보완으로 깃발의 영향력을 다시 확대 배치할 것이라고 업계 종사자 대부분은 생각한다. 업데이트 이후 깃발의 역할 변화에 관해서는 뒤에 더욱더 자세히 설명하겠다.

배달의민족에서 주문은 각 고객의 위치를 기반으로 이루어진다는 것은 누구나 알 것이다. 배달의민족 깃발은 한마디로 내 매장을 어느 지역에서 상위 노출하도록 할 건지 정하는 하나의 안테나 같은 역할을 한다고 보면 쉽다. 깃발 한 개의 노출 반경은 업종별로 다른데, 내 매장을 중심으로 해당 업종별 반경 이내에 있는 거주 지역, 특히 아파트 단지 같은 곳에 깃발을 꽂으면 그 지역에서 배달의민족을 통해 주문할 때 앱상에서 상위에 노출될 확률이 커지는 것이다.

깃발 꽂기에 관해서는 다음의 세 가지가 제일 중요하다.

---

**'울트라콜'에서 가장 중요한 세 가지**

하나, 매장의 실제 주소와 광고 주소는 다르게 한다.
둘, 카테고리별 노출 반경이 다르다.
셋, 여러 개 구매할 수 있다.

---

다음에는 배달의민족에서 깃발을 꽂는 구체적인 방법에 관해 설명하겠다. 매우 중요한 부분이니 꼼꼼히 읽고 직접 실행해보자.

## 깃발 꽂을 위치 선정

배달의민족에서 깃발 꽂을 위치를 정하려면, 포털 등에서 제공하는 지도 서비스를 통해 임시로 깃발 위치를 먼저 살펴봐야 한다. '카카오맵', '네이버 지도' 등 국내 지형, 지물에 최적화한 지도 서비스를 이용하는 게 좋다. 그리고 배달의민족의 울트라콜은 방사형으로 거리를 측정하도록 되어 있으므로, 지점을 정해 방사형으로 거리를 재볼 수 있는 기능을 제공하는 지도 서비스를 이용한다. 국내 포털 사이트에서 제공하는 지도 서비스인 카카오맵에서는 '반경재기', 네이버 지도에서는 '반경'으로 해당 기능을 사용할 수 있다.

**❶ 인터넷 주소 창에 해당 지도 서비스를 검색해 지도를 화면에 띄운다.**

**❷ 아래 그림처럼 주소를 입력한다.**

**❸ 오른쪽 기능 탭에서 방사형 기능을 켠다.**

① 주소를 입력한다.

② 방사형 모양 버튼을 누른다

❹ 내 매장이 해당되는 카테고리의 광고 영역을 확인한다.

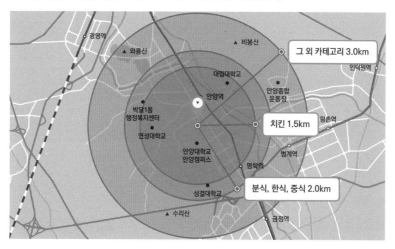

이처럼 매장을 중심으로 거리를 측정하면 배달 장사할 수 있는 범위를 아주 깔끔하고 쉽게 확인할 수 있다. 배달의민족 앱에서 어느 지역에 중점적으로 깃발을 꽂아야 하는지도 직관적으로 알 수 있다.

깃발 꽂을 위치를 결정했으면, 이제 배달의민족 입점 업주 관리 페이지인 '배민사장님광장'에 접속해 깃발 위치를 설정한다. 이어서 그 방법을 설명하겠다.

## 🖱 배달의민족 사이트에서 깃발 적용하기

**❶** 인터넷 주소창에 'https://ceo.baemin.com' 입력 후 아이디와 패스워드를

해당 칸에 채워 로그인한다(또는 포털 사이트에서 **'배민사장님광장'** 검색).

**❷** '배민셀프서비스'를 클릭한다.

**❸** '광고관리'를 클릭한다.

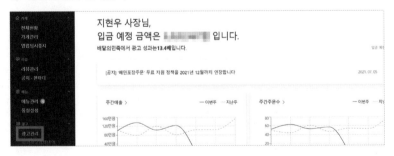

❹ **'자세히 보기'**를 클릭한다.

❺ **'노출 반경 변경'**을 클릭한다.

깃발이 광고하고 있는 범위를 확인할 수 있는 지도 창이 새로 뜨는데, 여기서

깃발 위치를 변경하거나 혹은 노출 반경에 대한 정보를 확인할 수 있다.

### ❻ 배달 지역 설정

깃발의 세세한 위치가 아닌 직접 배달할 수 있는 범위를 선택하고 지울 수 있다. 앞서 노출 반경 정보 변경의 경우 깃발 하나당 세세한 위치를 정한다면, 배달 지역 설정의 경우는 깃발이 노출되는 범위를 기준으로, 내가 갈 수 없는 곳과 갈 수 있는 곳을 큰 틀로 설정할 수 있다. 이를 통해서 너무 배달료가 비싼 구역이나, 배달할 수 없는데 노출되는 지역의 경우 강제로 노출되는 것을 중지함으로써 원하지 않는 지역에서의 주문을 막을 수 있다.

㉠ **'가게관리'**를 클릭한다.

㉡ **'배달정보'**를 클릭한다.

ⓒ **'변경'**을 클릭한다.

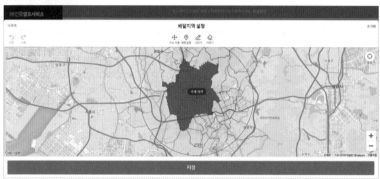

• 광고 진행 후 반드시 광고 효과를 파악해야 한다. 효과가 없다고 판단할 시 바로 설정을 변경한다.

❶ 배달의민족에서는 '노출수, 클릭수, 주문수, 주문 금액, 전화주문'으로 카테고리를 나누어 광고 통계를 확인할 수 있도록 했다.

❷ 가게별, 광고 장소별로 통계 정보를 확인할 수도 있다.

❸ 기간별 지출과 수입을 제공하여 광고 성과도 바로 확인할 수 있도록 했다.

## 2 깃발 꽂기 노하우

**❶ 울트라콜 세팅(깃발 세팅) 시 매장의 실제 주소와 설정 주소는 다르게!**

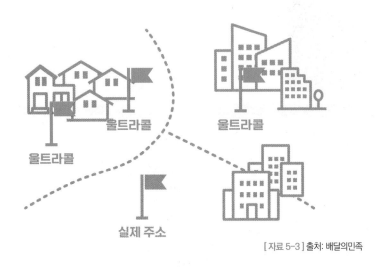

[ 자료 5-3 ] 출처: 배달의민족

위의 그림에서처럼 매장의 실제 주소를 광고가 노출될 지역의 주소로 바꿀 수 있다. 지역 상황에 따라 주문이 더 많이 들어오는 지역을 분석해 매장 주소를 변경하면 좀 더 효율적으로 울트라콜 광고를 운영할 수 있다. 단골이 잘 형성되고 주문이 많이 들어오는 곳에 광고를 집중해야 더 확실한 효과를 볼 수 있다.

깃발은 매장을 중심으로 하여 거주 밀집 지역, 오피스 밀집 지역 등 점심 장사 및 저녁 장사가 잘되는 영역을 구분하여 지도상에 꽂으면 된다.

## ❷ 깃발 노출 반경은 카테고리마다 다르다

| 서울, 경기, 광역시 제외 | | 서울, 경기, 광역시 | |
|---|---|---|---|
| 모든 카테고리 | **3.0**km | 치킨 | **1.5**km |
| | | 분식, 한식, 중식 | **2.0**km |
| [자료 5-4] 출처: 배달의민족 | | 그 외 카테고리 | **3.0**km |

깃발은 위의 표처럼 카테고리에 따라 노출 반경이 다르다. 따라서 '감동까스'는 '돈까스, 회, 일식' 카테고리에 들어가 있어서 깃발을 꽂는 지역을 중심으로 반경 3km까지 노출되고 '오진당'은 '분식' 카테고리에 속하므로 깃발을 꽂는 지역을 중심으로 반경 2km 이내에 노출된다. 그 외의 카테고리는 반경 3km 이내에 노출된다.

## ❸ 깃발은 여러 개 구매할 수 있다

배달의민족은 어설픈 회사가 아니다. 매장마다 또는 메뉴마다 깃발하나만 꽂게 하고 자체 로직으로 돌려 광고 수익을 최소화하면서 점주들의 이익을 극대화해 줄 회사가 아니다. 깃발 하나하나가 그들의 수익이므로, 한 점포당 원하는 만큼 깃발을 구매하도록 했다. 상위 노출을 원하는 점주는, 또 지역 확장을 바라는 점주는 깃발을 더 많이 구매하여야 자신의 매장을 더 많이 노출할 수 있다. 단, 깃발과 깃발 사이가 300m를 초과해야 하는 것을 잊어서는 안 된다.

# 배달의민족 앱 상위 노출을 위한 전략

## 1 기본편

내 가게가 모든 동네에서 최대한 앱 화면 상위 노출을 많이 하도록 하려면 나름의 공식을 적용해야 한다. 그 공식에서 가장 중요하고 기본적인 것이 울트라콜, 즉 깃발 꽂기 세팅이다. 그런데 앞에서 설명했듯이 내가 팔고자 하는 상품이 어느 카테고리에 들어가 있는지를 먼저 확인해야 한다. 상품에 따른 노출 반경 범위가 다르므로, 이 부분을 간과하고 무턱대고 깃발을 꽂아 버리면 돈만 낭비하는 순간이 오기 때문이다.

먼저, 배달하려는 지역의 행정구역을 살펴봐야 한다. 예를 들어, 안양의 경우 '안양 1동부터 9동까지, 박달동, 석수동'으로 행정구역이 묶여 있으며, '박달 1동·2동, 석수 1동·2동·3동'으로 행정구역이 묶여 있다. 어느 동에 사는 고객이 우리 제품을 선택할지는 보장할 수 없으므로 가능한 한 모든 동에 우리 매장이 배달할 수 있는 범위를 설정하는 것이 좋다. 300m 단위 이상으로 배달의민족 깃발을 조금씩 여백을 주면서 배달 가능한 범위 내에서 영역을 넓힌다. 이처럼 고객에게 많이 선택받을 수 있도록 배달 범위를 세팅하는 것이 중요하다.

상세한 깃발 세팅 비법은 이어서 설명하겠다. 매우 중요한 내용이니 반드시 숙지하기를 바란다.

## ◌● Step 1. 가게 기준으로 배달 가능한 범위를 설정한다.

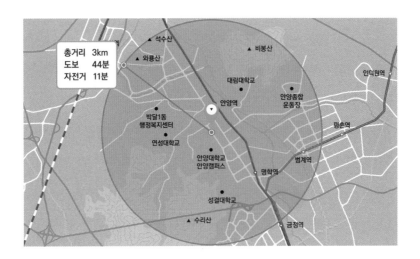

현재 감동까스 안양 본점의 주소는 안양동 710-79이다. 위에서 배운 대로, 지도에서 가게 주소를 입력하고 원하는 배달 범위를 먼저 설정한다.

이때 배달 대행을 따로 이용할 시에는 배달 대행업체에 먼저 연락해서 날씨와 상관없이 원활히 배달 대행 서비스되는 범위를 정확하게 확인하는 게 중요하다. 평상시에는 배달이 잘되는 것처럼 보였는데 다리를 넘어가거나 큰 길가를 지나야 하는 경우, 그리고 날씨 등 여러 변수에 따라 배달이 불가능하거나 또는 배달 시간이 예상 시간을 한참 넘겨 버리는 경우가 발생하고는 한다. 따라서 배달 대행업체와 이 부분을 사전 조율하고 설명을 잘 들어두는 게 매우 중요하다.

## ◉ Step 2. 배달 가능 구역의 지형도를 통해 배달 가능한 영역을 찾아보는 게 우선!

필자는 매장 오픈 바이징 때 배달의민족에 관해 다시 한번 설명한다. 이때 점주들과 깃발 세팅을 함께하는데, 그러면서 "깃발을 어디에 꽂아 드릴까요?"라고 질문하면 점주 대부분은 "어느 동에서 주문이 많이 들어올지 모르니까 알아서 해주세요"라고 답한다. 물론 입지와 동네의 상황은 사전에 프랜차이즈 팀에서 조사해 그 조사를 바탕으로 깃발을 세팅하면 되지만, 항상 강조하듯이 배달의민족 앱과 해당 매장 페이지는 장난감같이 점주가 장사하는 동안 항상 옆에 끼고 익숙해져야 한다. 따라서 최초 세팅을 마쳤더라도 자신이 직접 다양하게 설정해보면서 노출률과 클릭률 그리고 궁극의 목적인 주문율을 높이는 데 사장 본인이 최선을 다해야 한다.

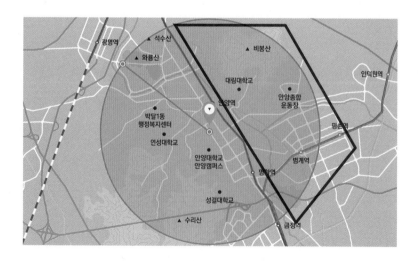

그런데 직접 이것저것 만져 보시라고 말씀드렸더니 정말 마음껏 황당하게 설정해놓는 점주를 종종 본다. 심지어 산이나 강가에 깃발을 꽂아 놓아서 당혹스러웠던 경험도 적지 않다. 그 점을 말씀드리면, 몇몇 점주는 재밌는 변명을 한다. 등산객과 낚시꾼들을 위한 포석이었다고.

앞의 지도에서 검은색 선으로 표시한 부분은 감동까스 본점을 기준으로 3km 반경 중 오른쪽 구역만 정리한 것이다. 무엇을 알 수 있는가? 그리고 아래 지도에서 다시 검은색 선으로 구획을 정리한 부분을 보고 무엇을 알 수 있을까?

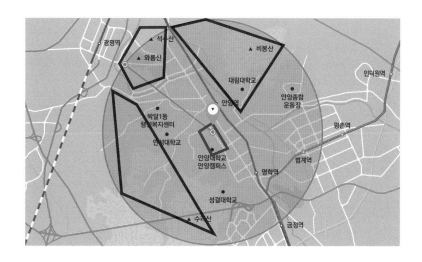

답은 보이는 대로다. 사람의 유동인구가 적은, 말 그대로 산을 표시한 것이다. 물론 표시한 부분에 거주 지역도 포함되어 있다. 그러나 매장에서 거리가 가까울수록 빠른 배달이 가능해서 경쟁력이 있는 것이지 이처럼 먼 지역이거나 잠재적 고객이 드문 곳은 깃발을 꽂을 필요가 없다. 그리고 등산하시는 분들을 위한다고 하지만, 오토바이로 어떻게 비봉산 정상에 돈가스를 배달할 수 있을까? 이런 깃발은 돈 낭비다.

깃발은 정확하게 팔고자 하는 상품을 구매하는 소비자들이 모여 있는 곳에 세밀하게 현미경으로 집어내듯 계획을 세워 꽂아야 한다. 이것이 핵심이다. 이처럼 간단하지만, 정확히 깃발을 꽂을 줄 알아야 성공적으로 배달 장사를 운영할 수 있다.

### ◖●Step 3. 배달 권역 안에서 일정한 간격으로 깃발을 꽂는 것이 중요하다.

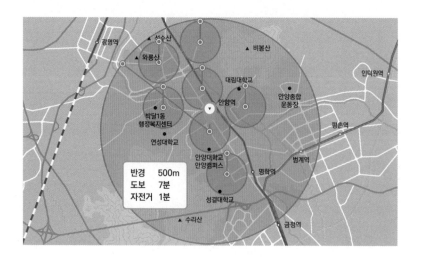

배달의민족의 깃발은 휴대전화 기지국과 같다. 사용자가 기지국에 가까울수록 강한 신호를 잡을 수 있고 사용자가 기지국에서 멀어질수록 신호가 약하게 잡혀서 원활한 서비스를 제공받지 못한다. 깃발도 마찬가지다.

필자가 운영하는 브랜드 '감동까스'는 돈가스 카테고리이프로 매장 개점 시기에 점주들에게 항상 이런 질문을 받고는 한다.

"돈가스는 3km나 노출인데, 왜 깃발을 여러 개 꽂나요?"

대답은 단순하다. 주 배달 영역인 3km 안에 깃발을 하나만 꽂으면, 고객의 위치에 따라 상위 노출이 되지 않는다. 일정한 간격을 두고 각 동에 하나씩 꽂아두어야 상위에 노출되고, 고객의 선택을 받을 수 있다. 마치 어렸을 때 내 물건에 침 발라 놓으며 '이건 내 거!'라고 하는 것처럼 침을 여러 군데 발라놓아야 내 것이 된다.

---

### 깃발 꽂기 특별 노하우

❶ 세대 수가 많은 아파트 단지 등이 밀집한 지역에 깃발을 꽂는 것이 좋다.
· PC에서 지도를 열어 내 가게가 있는 지역을 띄운다.
· 아파트 단지를 클릭하면, 세대 수 등 부동산 정보를 확인할 수 있다.

❷ 깃발 꽂은 지역으로 내 주소를 변경한 후 울트라콜 광고에서 상위에 노출되는지 반드시 확인한다.

## 2 메뉴편

메뉴 이름을 정할 때 이 음식이 어떤 특성을 지닌 음식인지 명확히 알 수 있도록 하면, 고객은 메뉴를 더 빠르게 인지할 것이다. 그만큼 주문 수도 당연히 올라갈 수 있다.

예를 들어, 해물이 들어간 라면이라고 해서 단순히 '해물 라면'이라고 정하는 것보다 '얼큰 속풀이 해물 라면'처럼 명확히 묘사하는 이름으로 정하면, 고객이 음식의 특성을 더 확실히 알 수 있다. 아마도 해장 생각으로 해물 라면을 찾던 고객은 고민 없이 바로 '얼큰 속풀이 해물 라면'을 선택할 것이다.

---

**요리의 특성을 반영한 메뉴명의 예**

· 모둠 튀김 → 바사삭 모둠 튀김
· 오징어회 → 싱싱한 울릉도 오징어회
· 숯불 닭발 → 화끈 쌔끈 숯불 닭발
· 해물 라면 → 얼큰 속풀이 해물 라면

---

그리고 음식에 지역 특산물이 들어간다면, 해당 특산물을 같이 명명하는 게 좋다. 그래야 특산물을 주재료로한 음식이라는 차별점을 더 강조할 수 있다.

예를 들어, 울릉도에서 잡은 오징어를 사용한 회라고 하면, '싱싱한 울릉도 오징어회'처럼 이름에 명확히 지역 특산물을 표시한다는 말이다. 집에서도 울릉도 오징어회를 먹을 수 있다는 느낌을 주는 다른 이름으로 정해도 좋다. 센스 있는 메뉴 작명 능력도 장사에 중요하다. 덧붙여, 재료를 이름에 명확히 반영하는 것도 좋다.

---

### 요리 재료를 반영한 메뉴명의 예

· 김치찌개 → 돼지고기 김치찌개
· 된장찌개 → 두부 된장찌개
· 감자탕 → 묵은지 감자탕

---

메뉴 사진 또한 대충 찍어서 올리지 않는다. 가장 좋은 것은 전문 사진작가를 고용해 찍는 것이다. 물론 적지 않은 비용이 발생할 수 있다. 또는 직접 DSLR로 고해상도의 사진을 찍는다. 정말 비용이 부담돼서 스마트폰으로 촬영해야 한다면, 최소한 여러 업체가 올려놓은 좋은 사진을 참고하여 구도나 배경 등을 신경 써서 촬영하도록 한다. 그리고 전문 사진 편집 프로그램을 이용하면, 좀 더 질 좋은 사진을 얻을 수 있다. 비용이 조금 발생하지만, 비용 대비 사진의 질을 확실히 올릴 수 있다.

매장을 운영하면서 잘 플레이팅한 다양한 메뉴 사진을 틈틈이 찍어 두는 것이 좋다. 여러 형태로 준비해 두면 나중에 여러모로 활용할 일이 있다.

매출의 완성은 메뉴! 매력 있는 메뉴는 고객을 끌어들이는 힘이 있다!

## 3 실전편

배달의민족은 다른 주문 중개 서비스와의 경쟁에서 우위를 점하려고 다양한 서비스를 새롭게 출시하고 있으며, 계속해서 애플리케이션을 업데이트 중이다. 그중에서 몇 가지 업데이트가 특히 눈에 띈다.

첫 화면 음식 카테고리에서 소비자가 카테고리를 정해 터치하면 뜨는 화면의 제일 위에 새로운 필터들을 추가했다. '배달 팁 낮은 순, 빠른 배달 순, 기본순, 주문 많은 순, 별점 높은 순, 가까운 순, 찜 많은 순, 최소 주문 금액'이 그 메뉴들이다. 고객이 음식을 주문할 때 첫 화면에서 음식 종류를 고르고 다음 화면에서 저런 필터 기능을 통해 원하는 가게를 원활히 찾도록 만든 기능이다. 고객에게는 매우 편리한 기능일 수 있지만, 점주들에게는 골치 아픈 일이 늘어난 셈이다. 왜냐하면, 부가적인 개념들을 추가로 테스트하고 그에 상응하는 부분들을 공부해야 하기 때문이다.

일단, 우리가 포커스를 맞춰야 할 것은 바로 배달 팁을 0원으로 만드는 것이다. 배달 팁을 0원으로 만드는 방법은 간단하다. 배달의민족 점주 로그인 화면(배민사장님광장)에서 주문 금액에 따라 배달 팁을 다르게 세팅하면 된다. 특정 금액 이상을 주문하면 배달 팁을 0원으로 하겠다는 식으로 세팅하는 게 포인트이고, 다른 것은 점주들이 생각한 종전의 방식대로 세팅해 두면 된다. 이렇게 배달 팁을 0원으로 세팅해놓는 이유는 간단하다. 외부에서 검색했을 때 배달 팁 0원이 상위에 랭크되기 때문이다.

'배달 빠른 순'은 큰 의미가 없다. 현재 배달의민족에서는 '최근 2주동안의 배달 예상 시간 데이터로, 30분마다 발생하는 주문 수와 배달예상 시간을 조합한 데이터에 10분을 더하여 앱에 노출'로 배달 빠른순을 정의 내리고 있다. 그러므로 고객들의 불만을 조금이라도 덜고자 여유롭게 시간을 찍던 종전의 방식으로 해서는 안 된다. 그렇게 하면 앱 상단에 노출되지 않고, 배달 시간은 더 늦게 체크될 뿐이다.

그리고 2021년 6월부터는 '맞춤 배달 예상 시간'으로 배달 예상 시간 설정 방법이 바뀌었다. 주문 접수 후 '조리 시간'만 선택하면 그간의 데이터를 반영해 자동으로 배달 예상 시간이 설정된다. 기본적으로 각종 배달 대행 서비스를 배달의민족 앱에서 주문 연동하도록 구성해놓아서 '맞춤 배달 예상 시간'을 활용해 주문 접수부터 라이더호출까지 한 번에 완료할 수 있도록 했다. 이를 통해 고객은 '주문 접수-배달 시작-배달 완료'로 배달 현황을 실시간 확인할 수 있다.

물론 업데이트를 하지 않고 기존의 방식대로 배달 예상 시간을 설정하여 편법 운영할 수도 있으나 오롯이 조리에만 집중할 수 있도록 해 편리하므로, 업데이트해 사용해볼 것을 권장한다.

· **기존 배달 예상 시간:** 사장이 주문 접수 시 선택한 것을 기준으로
　　　　　　　　　　　배달 예상 시간 제공

· **맞춤 배달 예상 시간:** 사장이 선택한 '조리 시간'과 배달 대행 서비스의
　　　　　　　　　　　'픽업~배달 완료' 시간 데이터를 바탕으로, 주문자
　　　　　　　　　　　와의 거리까지 반영한 후 자동 계산하여 배달 예상
　　　　　　　　　　　시간 제공

'배달 팁 낮은 순'과 '배달 빠른 순' 다음에 있는 '기본순'으로 들어
가면 앞에서 필자가 설명한 울트라콜 깃발을 이용한 노출 방식이 적
용되어 보여진다.

배달 장사하는 여러 사장님을 만나서 이야기해보면, 신규 업데이트
이후에 울트라콜은 무의미해졌다고 한다. 하지만 절대 그렇지 않다.
배달의민족은 머리 좋은 사람들이 경영하는 대기업이다. 주요한 수
입원 중 하나인 광고 수입을 등한시할 이유가 없다. 그래서 '기본순'에
따른 광고 노출도 배달의민족에서는 여전히 중요하다. 반드시 꾸준히
이용할 것을 추천한다.

## Chapter 6

# 배달 장사
# 필승 마케팅 전략

# 배달 장사
# 마케팅 이론

## SWOT 분석

### 🔲 SWOT 분석의 의미

SWOT 분석이란, 미국의 경영 컨설턴트인 앨버트 험프리(Albert Humphrey)가 개발한 툴로서, 기업의 내·외부 환경을 분석한 후 원활히 경영 전략을 세울 수 있도록 한 기법이다. SWOT 분석은 내부 환경을 분석해 '강점(Strength), 약점(Weakness)'을 발견하고, 외부 환경을 분석해 '기회(Opportunity)'는 살리고 '위협(Threat)'은 회피하도록 하는 게 목적이다. SWOT는 이 네 가지 요소인 '강점(Strength), 약점(Weakness), 기회(Opportunity), 위협(Threat)'의 머리글자를 딴 것이다.

SWOT 분석의 가장 큰 장점은 기업의 내·외부 환경 변화를 동시에 파악할 수 있다는 것이다. 기업 내의 상황과 기업 외부의 동향을 동시에 파악하는 것은 기업이 성장하는 데 매우 중요하다.

- **강점(Strength):** 내부 환경(조직, 팀, 개인 역량 등)의 강점
- **약점(Weakness):** 내부 환경의 약점
- **기회(Opportunity):** 외부 환경(경쟁, 고객, 거시적 환경)에서 비롯된 기회
- **위협(Threat):** 외부 환경에서 비롯된 위협

SWOT 분석은 경쟁 기업과 비교할 때 소비자로부터 강점이나 약점으로 인식되는 것이 무엇인지, 외부 환경에서 비롯된 유리한 기회나 불리한 요인은 무엇인지를 분석해 기업 마케팅에 활용하는 게 핵심이다. SWOT 분석을 활용한 마케팅 전략은 다음과 같이 정리할 수 있다.

- **SO 전략(강점-기회 전략):** 기회를 포착해 강점을 살리는 전략
- **ST 전략(강점-위협 전략):** 위협을 회피하기 위해 강점을 사용하는 전략
- **WO 전략(약점-기회 전략):** 기회를 활용하기 위해 약점을 보완하는 전략
- **WT 전략(약점-위협 전략):** 위협을 회피하기 위해 약점을 최소화하는 전략

SWOT 분석은 방법론적으로 간결하고 응용 범위가 넓은 일반화된 분석 기법이기 때문에 여러 분야에서 널리 사용되고 있다.

## ▎2 SWOT 분석을 해야 하는 이유

SWOT 분석은 무엇보다 나 자신을 아는 데 매우 효율적이고 정확한 방법이다. 내가 어떠한 능력을 지니고 있고, 어떠한 강점을 무기로 고객에게 어필해야 할지 파악하는 데 매우 좋은 도구이다. 다시 말하지만, 나 자신을 정확하게 알아야 제대로 된 전략을 세울 수 있다. 현 상황 분석을 거친 후 다양한 요소를 바탕으로 상세한 전략을 세워나가야 더 성공에 빠르고 정확하게 다다를 수 있다. 이때 집중과 선택이 필요하다.

예를 들어, '감동까스' 혹은 '오진당'이라는 브랜드를 안양에서 젊은 고객에게 어필하기 위해서는 무엇을 해야 할지, SWOT 분석으로 기초 전략을 세울 수 있다. SWOT 분석을 하기 위해서는 안양 지역 시장 조사부터 안양에서 이미 뿌리 내린 경쟁사도 분석해야 한다. 그러면서 안양 지역 전반의 가장 기초적인 시장 분석을 할 수 있게 되고 타 매장 상품과 비교하여 내가 판매하는 상품의 포지션 또한 자연히 파악하게 될 것이다. 이를 표로 정리해놓으면 더 명확히 자신이 펼쳐야 할 전략의 그림을 그릴 수 있을 것이다. 그러므로 SWOT 분석은 모든 마케팅 전략 도출의 가장 기초적인 분석 방법이라고 할 수 있다.

쉽게 장사를 포기하는 사장 대부분은 이러한 과정 없이 '우리 집 음식은 맛있으니 성공할 수 있어!'라는 생각 하나로 장사를 시작한 사람들일 것이다. 근데 음식 맛은 당연히 항상 80% 이상 유지해야 한다. 사실 성공하는 데 중요한 것은 '나는 누구지?'라는 객관적인 포지션을 파악하고 그에 따라 마케팅 전략을 세우는 것이다.

배달 장사하는 데 이런 것까지 알아야 하나 싶은 사람도 있을 것이다. 하지만 다른 기법은 제쳐놓고라도 SWOT 분석만큼은 꼭 해보길 추천한다. SWOT 분석은 가게 운영에만 도움이 되는 것이 아니다. 나 자신의 위치를 파악하는 데에도 좋은 바탕이 된다.

SWOT 분석 시 주의할 점은 강점, 약점, 기회, 위협의 경계점을 명확히 알지 못해 제대로 반영하지 못하는 것이다. 강점과 약점은 내부 요인, 기회와 위협은 외부 요인임을 명심하고 올바로 데이터를 추출하여 반영하기를 바란다.

지금까지 SWOT 분석에 관한 사전적 의미와 활용법 등에 관해 이야기했다. 다음에는 직접 운영 중인 '오진당'이란 브랜드의 마케팅 전략을 세울 때 SWOT 분석을 활용한 표를 예시로 적어두었다. 그 자료를 참고하여 독자들도 자신만의 SWOT 분석표를 작성해보기를 바란다.

※ 본 도서 뒷부분에 부록으로 SWOT 표를 첨부하였다. 각자 직접 작성해보자.

[자료 6-1] '오진당' 브랜드 기획 시 작성한 실제 SWOT 분석 표

## 오진당 떡볶이

### ▶ Strength(강점)
- 프랜차이즈 운영 경험이 있는 본사
- 메뉴의 다양화 및 특별함
- 대기업 물류 사용 · 쉬운 레시피
- SHOP IN SHOP으로 운영하여 부담이 적음
- 창업 비용(기맹 교육비) 없음

### ▶ Weakness(약점)
- 낮은 브랜드 인지도
- 포장 박스에 따른 포장 비용 증가
- 주로 저녁 이후 판매량 높은 편

### ▶ Opportunity(기회)
- 코로나 등으로 인한 배달 산업의 발전
- 특별한 음식을 찾는 문화 (유튜브, 블로그)
- 남녀노소 꾸준히 사랑받는 메뉴

### ▶ Threat(위협)
- 코로나에 의한 위험 요인(위생)
- 조리 방법 복제가 쉬운 편
- 많은 배달 전문 브랜드 경쟁 시대
- 지속적인 물가 상승

### ▶ SO 전략
- 다양한 메뉴로 여러 고객층 유입 가능
- 창업 비용 없이 쉬운 접근성 안내
- 간편한 조리법 홍보
- 특별한 콘셉트의 떡볶이로 고객 유입 (박스 포장, 갈국수 면 사리, 얌얌 감자칩 등)

### ▶ ST 전략
- 방역과 개인 위생 관리 홍보
- 신메뉴 출시 준비
- 지속성과 경쟁력을 갖춘 본사임을 안내
- 대기업 물류를 통한 안정적 물품 공급

### ▶ WO 전략
- 가맹점 분석을 통한 매출 증가
- 포장 박스에 따른 홍보 효과와 기대
- 오전 영업을 통한 매출 보완
- 지역 홍보 매체를 통한 마케팅

### ▶ WT 전략
- 리뷰 및 서비스 관리를 통한 단골 유지
- 트렌드에 맞는 신메뉴 출시
- 기존 메뉴의 보완 및 관리
- 홍보 마케팅 방안 준비

# 블루 오션과 레드 오션, 그리고 퍼플 오션

## ⚑ 블루 오션과 레드 오션

배달 서비스를 하지 않고는 가게 유지가 불가능한 지경에 이르렀다. 그러면서 배달 시장은 이미 레드 오션에 진입했다. 레드 오션, 즉 서로 죽고 죽이는 사지라는 말이다. 그렇다면, 레드 오션의 의미는 무엇일까? 블루 오션과 함께 레드 오션의 일반적인 의미는 아래와 같다.

| 블루 오션 | 레드 오션 |
|---|---|
| 현재 존재하지 않거나 알려지지 않아 경쟁자가 없는 유망한 시장 | 먹거리가 별로 남지 않은 익숙한 출혈경쟁 시장 |

과거 필자가 처음 배달 애플리케이션을 접했을 때만 해도 배달 시장은 경쟁이 거의 없는 청정 지역이었다고 해도 과언이 아니다. 그러나 해가 가면 갈수록 수많은 경쟁자가 등장했고 배달 장사도 녹록지 않은 사업이 되었다. 배달 대행비는 물론 관련한 모든 산업의 비용이 상승했다는 것을 인지할 수 있다. 배달 시장 자체가 이처럼 레드 오션이 되었다면, 우리가 어떻게 해야 배달 장사로 성공할 수 있을까?

## 2 퍼플 오션

블루 오션과 레드 오션 사이에 퍼플 오션이라는 것이 있다. 우리가 배달 시장에서 성공하려면, 바로 이 퍼플 오션을 눈여겨봐야 한다. 퍼플 오션 시장에 관해서는 아래 그림이 설명해준다.

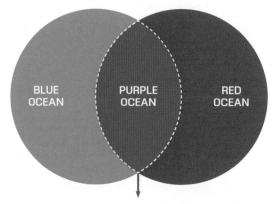

경쟁이 치열한 기존 시장에서
**창의적인 아이디어를 접목시킨 차별화된 시장**

위의 설명을 보고 이렇게 생각하는 사람도 있을 것이다.

"그냥 경쟁이 치열하지 않은 곳에 가서 경쟁하면 된다는 말인가? 그걸 누가 몰라."

사실 맞는 말이다. 그런데 한번 생각해보자. 동네를 돌아다니다 보면 무수히 많은 휴대 전화 가게, 무수히 많은 치킨집이 몰려 있는 것을 쉽게 본다.

한 건물 건너 하나씩, 심지어 한 건물 바로 옆에 붙어 있는 매장들을 볼 때도 있다. 이미 포화 지경에 이른 작은 상권에 비슷한 매장이 줄지 않고 계속해서 늘고 있다. 일반인의 관점에서 보았을 때는 궁금할 것이다.

"이미 이렇게 많은데 왜 비슷한 매장들이 계속 생기지?"

이런 의문이 드는 것은 당연하다. 하지만 자영업자라면, 다르게 해석해야 한다.

"비슷한 종류의 매장이 많네. 소비층이 두꺼워 해당 상권이 형성된 동네구나."

즉, 아무리 과포화된 상권이고 동일 계열의 상품을 판다고 하더라도 그 틈새를 비집고 들어가 나만의 퍼플 오션 전략으로 그 지역의 상권을 하나씩 장악해 나가겠다고 생각해야 한다.

우리가 일론 머스크나 빌 게이츠처럼 미래를 예측해 새로운 사업 모멘텀(Momentum)을 내다볼 능력과 자본력이 있다면, 자신이 직접 블루 오션을 형성할 수 있을 것이다. 하지만 현실은 그렇지 않다. 뭘 하든 우리가 진출한 사업 대부분은 경쟁이 치열한 레드 오션 속에 있을 것이다. 그러나 어쩔 수 없이 레드 오션에 다이빙했다고 해서 죽을 이유는 없다. 어차피 First Movement(선구자)보다는 Second Movement(후발 주자)가 될 가능성이 더 크므로, 이 치열한 레드 오션 안에서 나만의 퍼플 오션을 형성하려고 노력해야 한다. 나의 강점을 살린 전략을 펼치려고 고민해야 한다. 살기 위해 말이다.

퍼플 오션 시장은 다시 말하면, 치열한 레드 오션 시장에서 나만의 특징과 차별점을 내세워 개척한 새로운 차별화된 시장을 의미한다. 이제 '배달 시장은 레드 오션 시장이다'라는 말이 어떤 의미인지 알게 되었을 것이다. 계속해서 강조해 말하지만, 배달 시장은 이미 완전 포화 상태이다. 그러한 배달 시장에서 살아남으려면, 내가 정한 아이템이 포함된 세그먼트(Segment)를 정확히 판단하고 그것에 맞게 나만의 생존 전략을 펼쳐야 한다.

우리나라 속담에 '지피지기면 백전백승'이라는 말이 있다. 나 자신을 정확하게 알고 적을 알면 100번 싸워 100번 이긴다는 속담이다. 그만큼 경쟁자와 나 자신의 정확한 판단과 상대적 비교가 중요하다는 말이다. 그래서 앞서 이야기한 SWOT 분석이 중요한 것이다. SWOT 분석을 통해 내가 정한 아이템이 다른 아이템보다 우위인 점을 파악하고 어떠한 방식으로 고객에게 어필할지 전략적으로 계획을 세워야 한다. 그렇게 해야 고객에게 감동을 주고 선택받는 좋은 기회를 얻을 수 있다.

배달 시장 분석에만 블루 오션, 레드 오션, 퍼플 오션이라는 개념이 있는 게 아니다. 배달 시장에서 판매하는 아이템도 각각의 포지션을 파악할 수 있다. 시장이 큰물이라면, 아이템은 시냇물이라고 할 수 있다. 바닷물의 색깔을 분석했으니, 이제 시냇물의 색깔도 분석해보자.

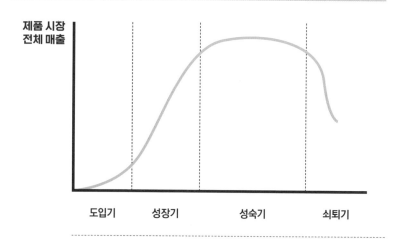

· **도입기:** 경쟁자 없음, 기본적 수요의 자극
· **성장기:** 급속한 시장 확대, 새로운 경쟁자 출현, 가격 인하
· **성숙기:** 치열한 경쟁 구도 발생, 시장 세분화
· **쇠퇴기:** 매출액 급락으로 제품 폐기

[ 자료 6-2 ] 시장 분석(제품 수명 주기): 하나의 제품이 시장에 도입되어 폐기되기까지의 과정

위에 제시한 그래프에서 도입기에 있는 아이템일수록 블루 오션에 가까우며, 쇠퇴기에 가까울수록 레드 오션에 가깝다고 볼 수 있다. 먼저 내가 정한 아이템이 어떤 상품 주기에 해당하는지 파악한 후 각 상황에 따라 어떠한 정책을 세우고 어떠한 방법으로 고객에게 어필할지 다르게 파악해야 한다.

제품 주기에서 쇠퇴기뿐만 아니라 성숙기에 접어든 상품군에 새롭게 진입해서는 안 되며, 이미 판매 중이라면 현상 유지하는 데 집중해야 한다. 그리고 새롭게 개척할 신상품을 개발해 놓은 상황이어야 한다. 성숙기에 접어든 상품은 이미 쇠퇴기를 맞이하고 있는 중으로 판단하여 그 뒤를 이을 주력 판매 상품을 준비해야 한다.

날이 갈수록 제품 수명 주기가 빨라지고 있다. 인터넷, 모바일의 발달로 트렌드가 급변하고 있기 때문이다. 현재 내가 파는 상품이 유행이고 잘 팔린다고 안일하게 머물러서는 안 된다. 가게를 계속해서 성장시키려면, 끊임없이 신상품 개발을 이어가야 한다.

---

### 퍼플 오션 전략의 성공 사례

· **허니버터칩**
  · 일반 감자 칩에 달콤하고 담백한 버터 맛을 더한 제품이다.
  · 기존의 짭짤한 맛에 익숙한 소비자에게 신선한 맛을 안겨주었다.
  · SNS로 입소문이 나면서, 엄청난 매출을 올렸다.

· **후라보노 껌**
  · 식물 성분인 후라보노이드를 함유하여 개발한 껌이다.
  · 껌에는 설탕이 다량 들어가므로 충치를 발생한다는 고정관념을 깼다.
  · 발상을 뒤집어, 후라보노 껌은 자기 전에 씹는 껌이라고 마케팅해 성공했다.
  · 출시한 지 약 30년이 흘렀지만, 이러한 전략을 통해 단단한 시장 점유율을 유지 중이다.

# 셀렉터와 스펜더

## 1 셀렉터와 스펜더 파악

음식을 비롯해 물건을 소비하는 이를 구분할 때 흔히 셀렉터(Selector)와 스펜더(Spender), 2가지로 나눈다. 셀렉터는 물건을 고르는 이를 말하며, 스펜더는 돈을 내는 이를 말한다. 이 두 부류는 비슷한 듯하지만 같지 않다. 물건을 고르는 사람과 물건값을 내는 사람 중 우리가 더 자세히 파악해야 할 부류는 어떤 것일까? 바로 셀렉터이다. 왜냐하면, 셀렉터에게는 물건을 선택할 결정권이 있기 때문이다.

예를 들어보겠다. 어떤 가족이 어느 날 피자를 시켜 먹는다고 가정해보자. 부모님은 대개 이렇게 말씀하실 것이다.

"철수야, 저녁에 피자 먹을까?"

어른 세대는 피자 브랜드를 콕 집어 이야기하기보다는 자녀에게 선택권을 넘긴다.

"철수야, '감동피자'의 치즈 듬뿍 피자가 너무 맛있더라. 그러니까 얼른 주문해. 일단 선결제하겠다고 하고, 추가로 리뷰 남기겠다고 말해서 스파게티 좀 서비스로 달라고 해봐."

이렇게 말씀하시는 분은 거의 없다. 자, 여기서 철수는 물건을 고르는 셀렉터이며, 철수의 부모님은 돈을 내는 스펜더이다. 물론 부모가 무조건 스펜더인 것은 아니다. 상황이나 주문 종류에 따라 바뀔 수 있다. 보편적으로 피자는 젊은 세대가 즐겨 먹는 음식 영역이므로, 이처럼 나뉘게 될 뿐이다. 피자를 시켜 먹는다면, 메이커와 메뉴를 결정하고 주문하는 행위까지 셀렉터인 자녀가 대부분 진행한다. 스펜더인 부모는 그 외의 행위, 그러니까 말 그대로 자금을 집행하는 것을 주로 한다.

최근 들어, 남녀평등이란 것이 사회 전반에 영향을 주고 있고, 그로 인해 더치페이 문화가 활성화되어 있다. 하지만 여전히 데이트 시 식사 메뉴와 데이트 장소 결정권은 주로 여성에게 주어져 있다. 그리고 돈을 내는 역할은 남성에게 여전히 치우쳐 있다. 물론 앞서 말한 것처럼 남녀평등이 사회 전반에 영향을 주면서 여성도 점차 돈을 내는 쪽으로 기울어져 가고 있다. 그래서 남성을 두고 스펜더라고 확정할 수는 없다. 그러나 확실한 것은 셀렉터는 여전히 여성이라는 점이다. 먹고 싶은 음식과 가고 싶은 장소는 80% 이상 여성이 결정한다. 그러므로 홀 장사를 하든, 배달 장사를 하든 10대 중후반부터 30대 중후반 여성들의 취향을 잡지 못하면, 자영업 시장에서 성공하기란 어렵다.

이처럼 셀렉터와 스펜더를 명확히 구분할 줄 알아야 한다. 그래야 내가 판매하는 제품이나 음식의 포지션을 확인할 수 있고 타깃도 명확히 정할 수 있으며, 그 타깃에 따라 마케팅, 영업 전략을 다르게 세울 수 있다. 그만큼 셀렉터와 스펜더 파악은 중요하다.

## 2 셀렉터 사로잡기

개별 상품과 음식에 따라 셀렉터는 차이가 있겠으나, 우선 기본적으로 우리가 무조건 공략해야 하는 대상은 명백하다. 바로 앞서 이야기한 대로 10대 중후반에서 30대 중후반 여성들이다. 과연 그들은 무엇을 좋아할까? 어떠한 기준으로 음식을 고를까? 무조건 음식이 맛있는 집이라고 좋아할까? 이러한 질문들을 던진다면, 바로 이렇게 대답할 수 있다.

"디자인에 미쳐라."

이 말에는 여러 가지 의미가 함축되어 있다. 일단 기본적으로 맛은 이미 상향 평준화되어 있다는 것을 전제로 한 말이다. 주문 중개 애플리케이션인 배달의민족의 맛집랭킹에 있는 음식점 대부분의 음식을 맛보면, 다 기본 이상임을 알 수 있을 것이다. 오히려 '맛은 그냥 다 비슷하네'라고 느끼는 경우가 많다. 그 말인즉슨 이제는 누구에게나 익숙한 맛을 어떤 음식점이든 조리하는 게 기본이 되어버린 사회에 살게 되었다는 것이다.

그렇다면, 과연 고객들에게 우리 가게를 다른 가게보다 더 돋보이게 할 방법은 무엇일까? 바로, 깔끔한 패키지와 특색있는 포장 구성이다. 우리가 소개팅을 나갔다고 가정해보자. 상대방이 능력뿐만 아니라 성격도 좋다고 주선자한테 들었는데, 막상 만나보니 시장에서 파는 냉장고 바지를 입고 소개팅에 나왔다고 생각해보자.

아마도 이 사람의 좋은 면을 파악하겠다는 생각조차 들지 않고, 첫

인상(First Impression)에 실망하여 바로 집에 가고 싶다고 생각할 것이다. 반대로 능력과 성격은 정확하게 알 수 없으나 겉모습이 아주 잘생기고 멀끔한 사람이 소개팅에 나왔다고 해보자. 이 사람의 속 내실과는 상관없이 일단 호감을 두게 될 것이다. 그만큼 첫인상이 중요하다.

배달 장사도 다르지 않다. 사실 음식점의 첫인상이라고 하는 것은 위생, 청결과 직결된다. 그러나 배달 음식점이라고 하면, 위생 상태가 어떤지 알 수 없어서 지저분할 거라는 편견으로 가득하다. 그런데 음식 하나씩 실링 팩에 담아 정성스럽게 포장하고, 포장 박스나 봉투에 정성을 들인다면 편견은 바뀔 것이다. 더해서 감사한 마음을 담아 서비스까지 추가한다면, 고객은 음식 맛과 상관없이 그 음식점에 엄청난 호감을 느끼게 될 것이다.

매장 장사는 우리 가게의 위생 수준을 고객에게 어필하기가 쉽다. 모든 고객이 매장에 직접 방문해 식사하므로, 피부로 느끼는 감정을 바로 자기 마음속에 담아둘 수 있다. 깔끔한 매장 관리는 물론이고 인테리어나 익스테리어에 신경 쓰면, 산뜻한 매장 환경으로 고객의 마음을 사로잡을 수도 있다. 하지만 배달 장사의 경우 가게 위생이나 인테리어, 익스테리어로 고객에게 어필할 수 없다. 그러므로 정갈하고 임팩트 있는 패키지 디자인이야말로 고객에게 첫인상을 제대로 심어줄 수 있는 중요한 요소임을 잊지 말자.

앞서 10대부터 30대 여성을 기준으로 이야기했지만, 남성 고객에게 어필하는 것도 다르지 않다. 앞서 말한 위생과 청결을 기본으로 충족한다면, 어떤 연령대든 남성 고객에게도 만족을 줄 수 있다. 특정 성별을 대상으로 한 콘셉트가 아니라면, 깔끔한 디자인만으로도 남성 고객의 선택을 받을 수 있을 것이다. 물론 남성 고객이 찾을 만한 메뉴도 선정해 추가한다면, 좀 더 폭넓게 접근할 수 있을 것이다. 요즘은 남성도 여성의 트렌드를 따라가는 추세이다. 그래서 10대부터 30대 여성의 눈높이에 맞춘다면, 남성 고객에게도 충분히 선택받을 수 있다.

[ 자료 6-3 ] '오진당'의 패키지 변화

# 포지셔닝과 타기팅

## **1 포지셔닝(Positioning)**

선발 주자가 아닌 후발 주자는 이 '포지셔닝'이라는 단어에 집중해야 한다. 포지셔닝이라는 용어는 간결하게 설명하기가 어렵다. 그러므로 이 부분은 집중하여 읽어 주기를 바란다.

우리가 흔히 뭔가를 구매하겠다고 생각할 때, 무수히 많은 것이 머릿속에 그려질 것이다. 그 상품을 판매하는 매장이나 브랜드의 모습을 떠올리다가 선호하는 브랜드를 순서대로 나열하게 되는데, 이것을 마케팅 용어로는 '인식의 사다리'라고 부른다. 만약 구매하려는 제품이 빵이라고 해보자. 고객은 구매하기 전에 빵을 판매하는 빵집을 머릿속에 떠올릴 것이다. 그러면서 가장 좋아하는 빵 브랜드를 순서대로 나열하게 될 것이다.

결국, 우리는 가장 선호하는 약 두 가지의 브랜드 중에서 선택해 주문할 것이다. 이러한 '인식의 사다리'에서 판매하는 자는 상위 1, 2번째에 위치하도록 노력해야 한다. 하지만 '인식의 사다리'는 쉽게 바뀌지 않는다. 이미 고객의 마음속에 탄탄히 자리 잡은 인식의 사다리의 1, 2순위 자리에 올라가는 것은 매우 어려운 일이다.

인식의 사다리 상위권을 확보하려면, 어떻게 해야 할까? 다시 말하지만, 이미 자리 잡은 인식의 사다리의 1, 2순위에 오르기는 쉽지 않다. 이미 성장기에 오른 경쟁 음식점을 누르고 인식의 사다리 상단에 올라가려면, 출혈 경쟁을 벌여야 할 수도 있다. 그러므로 특별한 아이디어와 기술을 내세워 독특한 제품을 개발해 새로운 인식의 사다리를 형성하는 게 새롭게 시장에 진입하려는 기업이나 가게로서는 현실적으로 더 경쟁에서 살아남는 데 적합한 방법이라고 할 수 있다.

그러려면 먼저 내가 운영하는 매장의 차별점이 무엇인지 파악해야 한다. 그런 후 그 차별점을 어떻게 고객에게 어필할지 고민해야 한다. 나의 차별점을 통해 새로운 카테고리를 형성하고 그 카테고리에서 인식의 사다리를 형성하는 데 노력해야 한다. 말하자면, 큰 카테고리 안에 새로운 카테고리를 만드는 것이다. 그리고 새로운 인식의 사다리를 형성해 1순위 자리를 차지하고 지켜야 한다. 고객이 그 새로운 카테고리의 제품을 떠올릴 때 우리 매장을 가장 먼저 떠올리도록 제품뿐만 아니라 포장 방법을 연구하고 개발해야 한다.

빵집을 예로 들어보겠다. 빵집이라고 하면, 고객은 일반적으로 '파리〇〇〇'나 '뚜레〇〇'를 가장 먼저 떠올린다. 그러나 좀 더 전문적인 빵 종류로 분야를 좁히면, 조금 다를 수 있다. 가령, '인절미 생크림 빵'을 생각하면, 고객은 '소〇당'이라는 브랜드를 가장 먼저 떠올릴 것이다. '감자 빵'을 먹겠다고 하면, '감자〇'을 가장 먼저 떠올릴 것이다. 이처럼 보편적인 인식의 사다리에서는 상위권을 차지할 수 없지만, 세분화한 새로운 인식의 사다리에서는 상단을 차지할 수 있는 것을 알 수 있다. 그러므로 새로운 인식의 사다리를 형성해 최상위에 위치하는 것이 어쩌면 더욱더 효과적인 브랜딩 전략이라고 말할 수 있다.

내 매장만의 차별점을 이용해 새로운 카테고리를 형성하고 그렇게 만든 인식의 사다리에서 제일 좋은 자리를 차지하는 것을 '포지셔닝'이라고 한다. 제대로 포지셔닝하려면, 먼저 내가 판매하는 브랜드와 제품의 현재 상황을 정확히 분석해야 한다. 그리고 그러한 분석에서 도출한 우리 브랜드의 강점을 바탕으로 남과 다른 제품을 개발해야 한다. 신상품을 개발하고 고객의 마음속에 자리 잡아야 하며, 그 자리를 다른 브랜드나 매장에 빼앗겨서는 안 된다. 차별점을 최대한 부각하도록 마케팅 포인트를 잘 잡아 인식의 사다리의 제일 윗자리를 점유해야 한다.

## 2 타기팅(Targeting)

타기팅은 말 그대로 내 상품을 구매할 실제 구매 대상을 특정화하는 것이다. 타기팅을 통해 마케팅 대상을 정하고 마케팅 포인트를 잡을 수 있다. 타기팅은 마케팅할 고객의 범위를 좁히면서 마케팅 비용을 아낄 수 있도록 한다. 그리고 그 대상에 맞게 효율적으로 마케팅을 펼칠 수 있도록 한다.

타기팅은 마케팅에 있어서 매우 오래된 마케팅 기법이지만, 여전히 타기팅을 통해 많은 기업이 마케팅 계획을 세운다. 그러나 타기팅은 자영업에 절대적으로 필요한 마케팅 기법은 아니다. 게다가 언택트 시대에 접어든 요즘과 같은 상황에서는 더욱더 맞지 않는 구시대적인 기법이다. 왜냐하면, 요즘은 아이부터 어른, 더 나아가 노년층까지 음식이나 물건을 선택하는 데 큰 차이가 없기 때문이다. 아이라고 치킨을 싫어하는 것은 아니며, 어른이라고 달콤한 아이스크림을 싫어하지 않는다. 돈가스를 좋아하는 대상을 특정할 수는 없다. 맛 좋은 돈가스집은 아이고 어른이고, 남성이건 여성이건 줄 서서 먹는다. 키덜트(Kidult)라는 말처럼, 어른이나 남성이 아이가 좋아할 것 같은 귀엽고 아기자기한 제품을 반드시 멀리하는 건 아니다.

장사, 특히 배달 장사에는 특정 연령, 나이, 학력, 지역 등은 중요하지 않다. 홀 위주의 장사는 그나마 열린 공간에서 장사하므로 타인의 눈을 의식할 수도 있지만, 배달 장사는 개인적인 공간에서 구매가 이뤄지다 보니 더욱더 자유롭게 자신이 구매할 음식이나 제품을 선택한다. 자영업에서는 고객의 머릿속 인식의 사다리 상위를 차지하려고 노력하는 게 무엇보다 중요하다.

하지만 타기팅이 자영업에 완전히 불필요한 것은 아니다. 시장 분석을 완료한 후 거주지의 인구 분포 분석이 끝난 다음 좀 더 섬세한 마케팅을 펼칠 때는 이 타기팅이 중요한 기법이 될 수 있다. 그러므로 타기팅을 무조건 등한시하라는 말은 결코 아니다. 자영업자는 포지셔닝을 먼저 완료한 후 그다음으로 타기팅을 고민해도 된다는 말이다. 물론 홀 장사를 위주로 하고 있다면, 타기팅은 마케팅 시에 효율성이 높은 또 하나의 기법임이 분명하다.

# 배달 장사
# 마케팅 실전

## 정성을 담은 이벤트 기획

마케팅은 소비자 입장에서 생각하고 기획해야 한다. 소비자인 나는 배달 앱으로 음식을 골라 주문할 때 무엇을 가장 먼저 고려하는가? 일단 필자의 경우 '맛집랭킹' 섹션에 올라와 있는 매장들과 실제 고객들의 리뷰를 가장 우선하여 본다. 아무래도 많은 사람이 좋은 평점을 주고 좋은 반응을 보인 매장이 그 지역에서 잘되는 맛집인 적이 많아서, 실패할 확률을 줄일 수 있다고 생각한다.

'맛집랭킹'은 많은 이가 '찜'이라는 수고를 해줘야 하고 좋은 평점을 매겨줘야 하며, 재주문율이 높아야 하는 등 여러 가지 조건을 만족해야 오를 수 있다. 음식점의 본질인 '좋은 맛'은 당연히 그 기본에 깔아놓아야 가능하다. 그러므로 배달 장사에서 성공하려면, 무엇보다 맛집랭킹에 오르는 것과 좋은 고객 리뷰에 모든 것을 걸어야 한다.

추가로 한마디 덧붙이자면, 신규 딱지가 붙는 장사 초기에 주문이 많이 들어오고는 한다. 홀 매장에서 흔히 말하는 '오픈 빨'처럼, 배달 장사도 '오픈 빨'을 받는다. 사람들이 '여기 새로 생겼네, 한번 주문해 봐야지'라는 마음이 생길 수 있고, 배달을 자주 시켜먹는 사람들은 늘 똑같은 곳에서 먹으면 질려서 새로운 음식에 도전하는 경우가 종종 있다. 그러므로 배달 앱에 등록하고 '신규' 배지가 달렸을 때 최대한 공격적으로 마케팅해야 한다. 그때 좋은 평점과 단골을 만들어놓아야 이후 신규 배지를 떼고 나서도 계속해서 주문이 들어오도록 할 수 있다.

소비자는 맛집랭킹에 올라온 곳 중에서 추가로 어떤 곳을 고를지 고민될 때, 보통은 '리뷰 이벤트'를 확인한다. 이왕이면 다홍치마라고 똑같은 가격과 품질이라면, 리뷰 이벤트를 진행하는 음식점에 더욱 손이 가게 된다. 업체 간 경쟁이 치열해지는 상황 속에서 이제 리뷰 이벤트가 당연한 마케팅 방법이 된 것이 현실이다. 그러므로 '리뷰 이벤트를 해야 한다, 하지 말아야 한다'보다는 '어떻게 하면 효율적으로 리뷰 이벤트를 진행할 수 있을지'를 생각하는 것이 더 올바른 일이다.

우리 매장 페이지에 들어온 고객이 메인 음식뿐만 아니라 사이드 메뉴도 구매하도록 하는 등 객단가를 높일 방법을 세워서 매출을 조금이라도 더 올리는 방법을 찾아야 한다. 세트 메뉴를 잘 구성하든지, 일반 판매 상품과 리뷰 이벤트용 상품이 겹치지 않게 질 구성하는 등 다양한 형태로 객단가를 올리기 위해 고민해야 한다.

그러한 전반적인 모든 고민을 토대로 매장의 차별점을 잘 어필하도록 배달 앱 페이지를 잘 세팅해야 한다. 전문점 느낌이 날 만한 요소들을 적재적소에 넣어주고, 고객이 불안해하는 요소들을 제거해주는 것이 중요하다. 많은 고객이 궁금해할 만한 요소들은 찾아보는 데 번거롭지 않게 미리 상세 페이지에 잘 적어주어야 하고, 고객이 '잘못 선택한 건 아닐까'라는 불안을 느끼지 않도록 늘 고민해야 한다. 좋은 가격과 할인 혜택, 위생, 전문성 등 정보를 충분히 제공하여 구매에 불안감을 느끼지 않게 하는 것이 무엇보다 중요하다.

홀 매장도 마찬가지지만, 배달 장사는 재주문받는 게 정말 어렵다. 한 번 시켜서 만족스럽지 않으면, 절대 다시 배달 주문하지 않는다. 그렇기에 첫 주문을 유도하는 것도 중요하지만, 고객에게 최고의 만족을 느끼도록 세팅하는 것도 상당히 중요하다.

필자도 맛집랭킹에 올라가기 위해서 고객이 불안해할 요소를 해결하고 고객에게 즐거움을 주려고 지속해서 노력하고 있다. 그러한 노력의 결과로 좋은 평점을 계속 유지하고 있으며, 단골손님도 계속해서 늘고 있다.

경험으로 체득한 방법을 예로 들어보겠다. 피자는 따뜻할 때 먹어야 가장 맛있다. 다른 음식도 마찬가지지만, 경험상 식었다는 이유로 고객이 불만을 가장 많이 제기한 음식은 피자다.

직접 배달하지 않으면, 어쩔 수 없이 배달 대행을 이용해야 하니 바라는 대로 빨리 배달하기가 어렵다. 기사님들이 한 건씩 배달하는 게 아니라 근처 배달 건을 여러 개 받아서 한 군데씩 차례로 방문하니 일반 포장으로는 음식이 식을 수밖에 없기도 하다.

최근에는 배달 라이더 사고나 어려움에 관해서 기사가 여러 건 나오면서 고객들도 어느 정도는 용인하고 있기는 하다. 특히 비나 눈 등 악한 환경 속에서 배달이 늦어지면 특수성을 고려해 어느 정도 이해해주는 추세다.

그렇지만, 이러한 선의의 용인을 그저 방관해서는 안 된다. 최대한 문제를 해결하려고 노력해야 한다. 조금 더 고객에게 따뜻한 음식을 배달하기 위해 지속해서 고민해야 한다.

필자는 그런 문제를 해결할 방법을 고민하다가 피자를 보온 팩에 담아 배달 보내 보았다. 그러자 고객 만족도가 높아졌다. 고객의 만족도가 높아지자, '피자가 따뜻하다, 배송이 빨라서 좋다'라는 등의 좋은 리뷰가 많이 달렸다. 그러한 리뷰를 보고 다른 고객들도 안심해서 주문하는 것을 볼 수 있었다. 사실 배달 시간은 큰 차이가 없었다. 그러나 음식이 좀 더 따뜻한 채로 배달이 되자 고객들은 더 빨리 배달받았다고 느끼는 듯했다.

정말 배송도 빨랐구요
따뜻하게배송되었어요
피자에 고구마가 한가득입니다~
맛있게 행복한 점심을 먹었습니다
수고하세요

주문메뉴

[ 자료 6-4 ] 보온 팩에 담은 피자와 긍정적인 고객 리뷰

　　고객은 타이머를 들고 시간을 재는 등 객관적으로 따지는 것이 아니라 주관적인 요소에 민감하다. 최대한 고객의 니즈와 불만을 해결하는 데 집중하면, 단골을 많이 만들 수 있다는 말이다. 좋은 경험을 주는 게 재주문을 유도하는 결정적인 요소이다.

　　필자가 아이디어를 내 실행했던 고객에게 정성을 어필하는 방법 중 한 가지를 소개하겠다. 배달 건마다 직접 포스트잇에 손으로 쓴 편지와 동전 100원을 첨부해 감사의 마음을 표현했다. 100원 동전은 통신비라는 명목을 뒀는데, 고객에게 마음의 빚을 지게 하는 방법이었다. 고객은 이러한 이벤트를 귀엽다거나 고마워했다. 그런 이유로 더 많은 고객이 리뷰를 더 많이 남기기 시작했다.

　　고객을 즐겁게 해 진심이 담긴 리뷰가 계속해서 더 많이 올라오도록 유도하고 재구매를 일으켜 맛집랭킹에 들어가면서, 결국 선순환 구조로 매출이 상승하는 것을 경험했다. 이처럼 다채롭고 정성스러운 이벤트가 배달 장사에 성공을 불러온다는 것을 명심하도록 하자.

[ 자료 6-5 ] 필자가 아이디어를 내 진행한 100원 이벤트

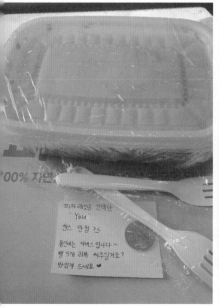

## 고객 참여 유도 리뷰 이벤트

리뷰에 답글을 현명하게 다는 것도 상당히 중요하다. 고객들은 주문하려는 매장의 리뷰 답글도 놓치지 않고 본다. 각종 커뮤니티에 올라온 배달 앱 리뷰와 답글 캡처 사진을 종종 봤을 것이다. 별점이 낮은 평점의 이유를 확인하고, 주인의 자세와 태도를 볼 수 있어서 고객은 리뷰의 답글도 살펴본다. 그러니 리뷰 답글도 신경 써서 달아야 한다.

필자가 운영하는 매장의 경우 리뷰가 달리면 3일 정도 후에 답글을 달았다. 이유는 다음과 같다. 리뷰에 답글이 달리면 고객에게 답글이 달렸다는 알람이 뜬다. 그런데 리뷰를 달고 당일이나 다음 날 바로 또다시 주문하는 고객은 많지 않다. 그래서 3~4일 정도 후에 리뷰에 답글을 달면서 고객에게 알림이 뜨게 하면, 고객은 그 매장을 기억할 것이다. 맛있게 먹은 그날의 기억을 떠올리며 재주문을 유도할 수 있다. 그러므로 이처럼 리뷰에 답글을 다는 시간도 전략적으로 고려해야 한다.

자영업을 영위 중인 한 지인은 엄청나게 재미있게 답글을 달아주는 것으로 유명하다. 개인의 성향에 의해서 반응에 많이 차이가 나지만, 개그맨처럼 유머 감각이 뛰어난 그 친구는 답글 다는 데 정말 선수인 것 같다. 누가 봐도 웃음이 빵빵 터질 정도로 리뷰에 답글을 유머러스하게 잘 달아준다. 사람들이 그 답글을 보고 싶어서 주문하기도 하고, 그 답글들이 소문을 타 고객의 지인들에게도 알려지면서 성공한 예이다. 본인의 강점을 활용해서 마케팅에 잘 활용한 경우라고 할 수 있겠다.

한 번 리뷰 이벤트를 진행해도 다른 곳과 차별화를 두려고 노력해야 한다. 업체 대부분이 리뷰 이벤트로 제공하는 음식은 공짜니까 고객이 알아서 시키겠지, 생각하고는 한다. 심지어 열심히 이벤트를 준비하고는 잘 알리지 않아서 고객이 이벤트 진행을 알지 못하게 되는 경우도 많다. 그러므로 더 많은 고객에게 이벤트 진행을 알리려는 고민도 많이 해야 한다. 아래 사진은 필자가 진행한 이벤트 페이지의 예이다.

[ 자료 6-6 ] 마님온에서 진행한 실제 리뷰 이벤트 페이지

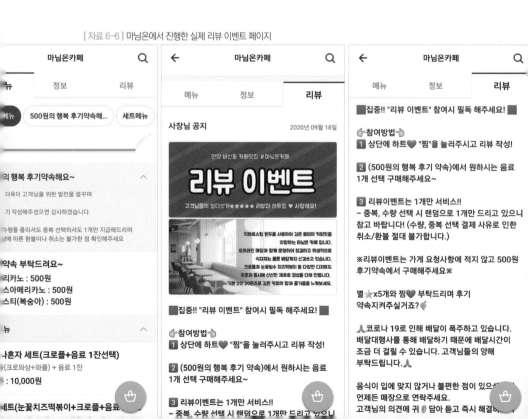

고객이 배달 주문할 때 가장 많이 신경 쓰는 부분은 역시 청결한 위생 상태이다. 그래서 깨끗한 매장 사진을 리뷰 이벤트 페이지 속에 넣었다. 그렇게 우리 매장만의 차별점인 실제 오프라인 매장이 있다는 것을 보여줘서 깨끗한 홀 매장이 있는 환경에서 음식을 제조해 배달 보낸다는 것을 어필했다.

카페를 운영할 때는 아메리카노를 선택하면 아예 하위에 리뷰 작성을 약속한다는 메뉴 자체를 만들어서 리뷰를 남기면 500원 할인받도록 했다. 이렇게 이벤트를 진행하면 고객이 받는 영수증에 메뉴명으로 이벤트가 표시되므로 '후기 부탁한다'라는 내용이 한 번 더 강조되면서 고객들이 웬만하면 잊지 않고 리뷰를 작성해주는 효과를 볼 수가 있었다.

그리고 대표 메뉴, 또는 세트 메뉴 등에 따라 영향 정도가 다르므로, 어떻게 조합할지를 항상 고민했다. 맨 위의 영역이 제일 잘 보이므로 단가가 높은 세트 구성을 위주로 넣거나, 특색 있는 메뉴를 넣어주는 방법을 택했다.

이렇게 고객 리뷰 이벤트를 어떻게 진행할지 계속 고민하며 운영하다 보니, 그 결과 운영하는 매장들의 별점을 아주 높은 점수대로 유지하고 있다. 그리고 맛집랭킹에 지속해서 오르면서 매출이 상승하는 쾌거를 이룰 수 있었다.

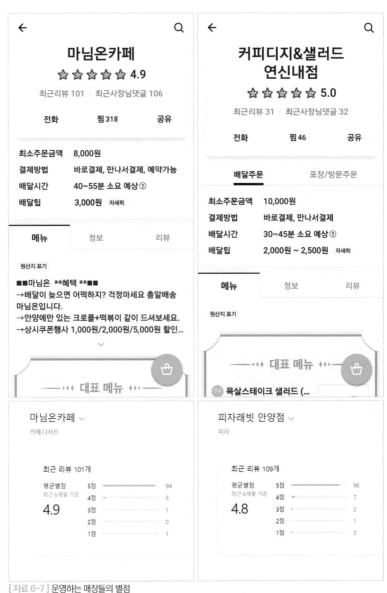

[ 자료 6-7 ] 운영하는 매장들의 별점

# 끈기 있는 발품 마케팅

온라인뿐만 아니라 오프라인 홍보도 중요하다. 사실 필자는 온라인 마케팅 강사 활동을 오래 했다. 그래서 항상 오프라인보다 온라인이 중요하다고 말해왔다. 하지만 매장 현장에서 일해 보니 오프라인 마케팅도 중요하다는 걸 몸소 느끼게 되었다. 전단을 통한 효과도 피자 배달하면서 많이 느끼게 되었다. 사람은 결국 시각적인 부분에 본능적으로 끌리므로, 문 앞의 전단을 보고 배고픔을 느껴 주문하는 경우를 몸소 체험했다. 하지만 그냥 전단을 만들어서 뿌린다고 되는 것은 아니다. 그리고 그냥 대행업체에 맡기고 진행해도 되지만, 가격 대비 효율성이 떨어진다.

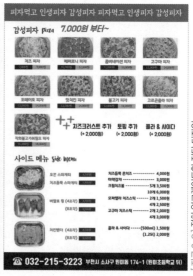

[자료 6-8] 정자 업그레이드한 전단의 모습

처음에는 이처럼 전단 디자인을 그다지 신경 쓰지 않고 단순하게 만들었다. 그러나 효과가 좋지 않았다. 그래서 어떻게 해야 할지 다양하게 고민했고 전단 디자인이나 내용을 계속 업그레이드했다.

무엇보다 시각적으로 먹음직스러운 피자라는 점을 강조했고, 혜택을 더 크게 배치하니 똑같이 전단을 뿌려도 반응이 좋았다. 결국, 노력은 배신하지 않는다는 것을 느꼈다. 이렇게 만들어진 전단을 시간이 날 때마다 뿌리고 돌렸다. 업체에 맡기면, 30만 원 정도 했던 것 같다. 그러나 배포한 당일이 아니면, 주문이 들어오지 않는 등 그다지 효과가 없었다. 그래서 업체를 이용하지 말고 가능하면 직접 전단을 배포하는 것을 추천한다.

배달 나갈 때마다 여기저기에 붙였고, 거주하는 아파트가 20층인데 걸어 내려오면서 전단을 직접 각 가정에 붙이고 업무를 보러 갔다. 같이 일하는 동료도 오후 4시 출근하기 전에 오후 3시부터 전단을 뿌리고 출근했다. 우리가 직접 뿌린 전단을 보고 걸려오는 주문 전화를 받고 매출 상승도 경험하면서, 또 노력은 배신하지 않는다는 것을 느꼈다. 물론 무차별적으로 경고 문구를 무시하면서까지 전단을 부착해서는 안 된다.

얼마나 간절한 자세로 노력하는가에 따라 다른 결과를 만들어낸다고 했다. 필자는 사실 장사를 시작할 때부터 전단에 관해 중요하게 생각하지 않았다.

남는 시간에 유튜브를 보거나 빈둥거리는 것보다 무엇이든 해야 한다는 생각에 직접 전단을 돌리기 시작했다. 직접 경험해보니 전단이라는 것은 오프라인 마케팅에 필수 도구라는 것을 알았다.

전단 한 장을 돌리더라도 조금 더 특색있고, 받는 이에게 즐거움을 주려고 노력했다.

[ 자료 6-9 ] 직접 전단을 배포하는 다양한 모습

앞의 사진은 '홍콩비어'라는 호프집을 운영할 때 필자가 직접 전단을 돌리는 모습이다. 영하의 날씨에도 아랑곳하지 않고, 직원들과 함께 언 손을 녹이며 전단을 돌렸다. 아침과 오후에는 강의와 외부 미팅에 나가고 저녁에는 매장에 나와서 전단을 돌리거나 업무를 도왔다.

주변에 잘되는 매장을 보면 다 이유가 있다. 직접 배달을 가는 것은 물론이고, 고객의 궂은일도 처리해준다. 고객님 댁 문앞 신발을 정리해주거나, 쓰레기를 들고나와 버려주는 등 고객 서비스에 최선을 다한다. 요즘 소비자 갑질이라는 것으로 흔히 거론되는 그 일들을 그들은 먼저 나서서 하는 것이다. "고객님 혹시 버리실 거 없으세요?"라고 먼저 물어보고 고객의 귀찮은 일들을 해결해주니 고객이 감동해 단골이 되는 경우도 볼 수 있었다. 물론 이러한 예는 과거 이야기이다. 현재는 코로나-19로 비대면 배달이 일반화되면서 하고 싶어도 할 수 없는 서비스이다. 게다가 사회 인식이 많이 달라져서 그러한 서비스는 하려고도 하지 않는 게 오히려 좋다. 그러나 항상 고객에게 감동을 줄 다양한 방법을 고민하고 실행해야 한다.

또 다른 지인은 퇴근할 때 일부러 치킨을 들고 가서 냄새를 퍼뜨리고 전단을 붙여놓는 방법으로 체험 마케팅을 실행했는데, 이 방법은 기대 이상으로 효과가 컸다고 한다. 저녁 퇴근 시간에 엘리베이터에서 치킨 냄새를 맡으면 대부분 먹고 싶다는 생각이 든다. 그 와중에 집 앞에 치킨 전단이 붙어 있으면, 그 매장에 주문할 확률이 높다. 배고픈 상태에서 특정 음식 냄새에 빠진 사람은 이성을 잃고 주문하게 되어 있다. 이러한 세세한 노력이, 결국 큰 결과의 차이를 가져온다.

오프라인 홍보를 기획하고 실행할 때 매우 중요한 것이 있다. 절대로 이웃에게 폐를 끼치지 말아야 한다는 것이다. 전단을 부착할 때도 가능하면 건물 관리자나 주민에게 허락을 구하고, 한 번 적발되면 절대로 해당 건물에는 전단을 부착하거나 배포하지 않도록 한다. 사실 전단을 무단으로 배포하는 것은 법에서도 제재하고 있다. 적발되었을 시 경범죄처벌법 제3조 제9항에 따라 적지 않은 벌금을 물어야할 수도 있다. 그뿐만 아니라 주변의 눈살을 찌푸리게 하는 무리한 홍보 활동은 오히려 매출에 도움이 되지 않는다. 매장의 이미지를 실추시켜 잠재고객을 더 감소시킬 뿐이다. 이러한 추세를 반드시 염두에 두고 다양하고 창의적인 마케팅을 기획해 펼쳐나가기를 바란다.

수많은 자영업자가 생존을 위해서 수많은 고민과 노력을 거쳐 다양한 홍보 방법을 펼치고 있다. 여러분이 창업을 준비 중이라면, 정말 많은 고민과 큰 노력을 쏟겠다는 각오로 이 시장에 뛰어들어야 한다. 코로나-19로 경기가 어려워지면서 외식하는 사람도 많이 줄어들었다. 홀 매장은 영업시간이 줄어 어렵고, 배달 매장은 각종 수수료와 치열한 경쟁으로 점점 더 어려워지고 있다. 쉽지 않은 자영업 시장 속에서 살아남으려면, 모든 방법을 동원해야 한다. 맛은 말할 것도 없고 다양한 서비스로 충분히 고객에게 만족을 줘야 한다. 좋은 음식 맛을 기본으로, 적은 수의 고객이라도 꾸준히 찾아오도록 마케팅 계획을 잘 세워야 한다. 그래야 이 힘든 외식업 시장에서 살아남을 수 있다.

## SNS 마케팅 전략

다시 말하지만, 모든 마케팅은 소비자 입장에서 생각해야 한다.

맛집을 찾아가서 먹는 경우 말고는, 음식을 배달로 주문할 때 대부분 앱에서 보고 결정해서 주문한다. 동네 맛집은 블로그나 인스타그램 등 여러 방면에서 찾아본 후 방문하지만, 배달로 주문할 때는 SNS나 인터넷 커뮤니티를 거의 참고하지 않는다. 그저 앱에 올라온 평점(리뷰, 이용 후기)과 맛집랭킹 입점 등으로 결정하는 경우가 많다. 그러므로 배달 전문 매장을 운영한다면, SNS 마케팅 효과를 크게 보기 어려우니 SNS 마케팅에 집중할 필요는 없다.

다만, 홀과 배달을 같이 운영한다면, 인스타그램 정도는 운영하는 것이 좋다. 특히 매일 메뉴가 바뀌는 매장이거나 주문받은 후 음식을 제조하는 매장이라면, SNS 등을 통해서 소통하고 정보를 제공해야 고객들이 더욱 친근하게 생각해 매장을 이용할 것이다.

필자가 강의할 때 많이 듣는 질문이 있다. SNS 중에서도 페이스북과 인스타그램, 어떤 걸 하는 게 더 낫느냐는 질문을 많이 받는다. 이런 질문의 대답은 확고하다. 인스타그램에 중점을 두라고 이야기한다. 페이스북은 분명 페이스북만의 장점이 있다. 하지만 앞으로 SNS 채널을 새롭게 운영하려는 사람은 무조건 페이스북보다는 인스타그램이 낫다고 자신 있게 말할 수 있다. 이유를 설명하기 전에 먼저 페이스북과 인스타그램의 특징을 비교해서 이야기해보겠다.

일단, 페이스북의 비즈니스 계정 명칭은 '페이지'이다. 5년 전으로 돌아가면 페이스북 맛집 페이지들의 힘은 정말 어마어마했다. 각종 지역 페이지에 한 번 노출되면 그날 바로 줄 서는 매장이 되었고 며칠 동안은 그 인기가 사그라지지 않았다. 그만큼 페이스북 페이지의 효과는 엄청났다.

하지만 지금은 그 인기가 이전보다 많이 식었고, 기술적으로 페이지가 일정 도달률을 달성하는 것이 너무나 힘들어졌다. 도달률이란, 해당 페이지를 '좋아요' 체크한 사람들에게 포스팅한 글이 노출되는 비율을 이야기한다. 지금은 약 5% 정도로 보인다.

쉽게 예를 들면, '안양 맛집'이라는 페이지를 1,000명이 '좋아요' 눌렀다고 가정해보겠다. 이 페이지에 포스팅하면 50명 정도만 그 글을 보게 된다는 것이다. 말하자면, 95%는 해당 글을 못 본다는 이야기이다. 왜 이렇게 설정되었을까? 그 이유는 간단하다. 페이스북의 장삿속이다. 페이지는 비즈니스 계정이므로 돈 내고 페이스북에서 광고하라는 이야기이다. 그래서 이렇게 페이지 글 도달률을 설정해놓은 것이다. 이처럼 페이스북 페이지를 운영하는 것은 너무나 어렵다.

또한, 페이지를 잘 운영하려면 콘텐츠(카드 뉴스, 동영상 등)가 좋아야 한다. 그러려면, 디자인 능력뿐만 아니라 기획 능력도 필요하다. 무엇보다 꾸준히 콘텐츠를 작성해서 올리는 끈기가 중요하다. 그런데 장사하면서 이 모든 것을 충족하기가 사실 쉽지 않다. 게다가 페이스북 페이지를 꾸준히 포스팅하고 관리해서 페이지 '좋아요'를 어느 정도 달성하더라도 도달률이 낮으니 노력에 비해 상당히 비효율적이라고 할 수 있다. 그렇기에 요새는 페이스북 마케팅이 외식업에서 많이 힘을 잃은 상황이다.

페이스북을 하려면, 차라리 개인 계정으로 운영하는 게 훨씬 더 낫다고 생각한다. 페이스북 개인 계정을 제대로 운영하는 것은 퍼스널 브랜딩을 하는 것이다. 쉽게 예를 들면, 이런 개념이다. 만약 여러분이 읽고 있는 이 책을 보고 마음에 들면, 필자가 운영하는 매장도 한번 가보고 싶다고 생각하게 될 것이다. 매장을 직접 보지도 않았는데 책을 통해 호감이 생겨서 행동으로 옮기려는 것이다. 페이스북 개인 계정을 통해서 그 사람의 전문성을 확인하고 호감이 생기면, 그 사람이 운영하는 매장이나 브랜드에 관심을 두게 되는 것은 어쩌면 당연한 일이다. 페이스북 개인 계정을 보고 고객이 찾아오는 것은 물론이고 사업상 제휴를 받기도 하니, 참고해서 운영해보도록 하자.

참고로, 페이스북에서는 되는데 인스타그램에서 안 되는 기능이 있다. 첫 번째는 공유하기 기능이고, 두 번째는 링크 기능이다. 두 가지가 안 되다 보니 인스타그램이 페이스북보다 확장성이 떨어지는 것이 사실이다. 공유 기능을 사용하려면 앱을 별도로 받아 사용해야 하고, 링크 기능은 프로필 상단에서 하나의 링크만 제공할 수 있다. 사람 찾는 운동이나 국민 청원 운동, 동영상 등이 퍼져나가는 채널은 주로 인스타그램이 아니라 페이스북인 이유가 여기에 있다.

그런데 홀 매장 장사는 인스타그램이 더 효과가 높다. 소상공인들이 인스타그램에 열광하는 이유가 있다. 바로 즉각적인 성과를 볼 확률이 더 높기 때문이다. '해시태그'와 '최근 게시물'이라는 영역이 그런 것을 가능하도록 한다. 예를 들어, 누군가 '#안양맛집'을 검색한다면, 오늘 내가 처음 올린 포스팅을 보고 고객이 찾아올 수도 있다. 바로 오늘 개설해도 말이다. 시각적인 포스팅을 강조한 채널이기 때문에 사진을 보고 맛있어 보이면, 고객에게 방문해보고자 하는 트랜스를 일으킬 수 있다.

이것이 바로 블로그와 SNS의 차이점이기도 하다. 블로그는 목적을 가진 대상을 만나는 경우가 많고(잠재고객) SNS는 불특정 다수에게 도달하는 비율이 높은 시스템을 기반으로 행동의 변화를 유도한다. 조금 더 쉽게 예시를 들면, 여러분이 오늘 네이버에서 '울릉도 맛집'이라고 검색할 일은 없을 것이다. 이유는? 울릉도에 있는 맛집에 갈 생각이 없기 때문이다. 검색어를 입력해 살펴볼 때는 이유가 있다. 즉, 목적이 있어야만 검색하는 것이다. 사람들이 적게 들어오더라도 목

[ 블로그와 SNS ]

| 구분 | 블로그 | SNS |
| --- | --- | --- |
| 콘텐츠 지향점 | 검색 알고리즘에 적합한 콘텐츠 | 구독자를 겨냥한 콘텐츠 |
| 활용 목표 | 검색 시 상위 노출 | 구독자의 수를 늘리고 긍정적인 관계 형성 |

적성 있는 잠재고객을 만날 수 있도록 하는 것이 블로그 마케팅의 강점이라고 보면 된다.

SNS 마케팅은 이렇게 생각하면 된다. 지금 피자 사진을 보고, 누군가는 오늘 피자를 먹어야겠다고 생각할 수 있다. 피자를 먹을 마음이 없었는데 피자 사진을 보고, 마음이 바뀔 수 있다. 그래서 특히 인스타그램에는 사진을 더 자극적으로 올린다. 사진을 보고 '가고 싶어, 보고 싶어, 사고 싶어'라는 심정 변화를 일으켜 행동하도록 해야 하기 때문이다. 그래서 인스타그램의 경우 시각적인 업종이 효과를 많이 본다. 당연히 외식업을 포함해서, 패션, 뷰티(헤어, 색조, 네일, 메이크업 등), 애견, 자동차, 운동, 여행 등 시각적인 업종은 인스타그램을 열심히 해야 한다.

SNS의 '최근 게시물'은 시간순으로 올라오기 때문에 점심, 저녁 시간 등 시간에 맞게 전략적으로 올리는 것이 중요하다. 부지런하게 시간에 맞춰 꾸준히 올리는 사람이 유리하다. 오프라인 전단과는 다르게 SNS는 누적이 돼 콘텐츠가 계속 쌓이면서 이전 게시물을 보고 고객이 방문할 확률이 늘어난다.

SNS가 중요해지다 보니, 요즘 자영업자들이 중요하게 생각하는 것 중 하나는 시각적인 강점이다. 물론 이러한 시각적인 점에서 만족을 주는 것은 쉽지 않다. SNS를 통해 잘되는 매장 대부분은 시각적인 강점을 부각한다. 가령, 시그니처 메뉴를 만들고 SNS 이벤트를 잘 진행하며, 매장 내에 포토존을 만드는 등 시각적으로 끌리도록 고객을 잘 유도한다. 시각적으로 좋아 보이면, 큰 설득 없이 그곳에 가보게 되는 게 인간의 마음이다. 외식업을 운영 중이라면, 이런 점들을 잘 살려서 SNS로 홍보해보기를 바란다.

오프라인 기반의 매장을 운영 중이라면, 주기적으로 '현장 SNS 인증 이벤트'를 열면 좋다. 고객이 자신의 SNS에 매장 사진을 올리면 지인이 볼 것이다. 대개 가게가 자체적으로 올리는 SNS 글은 홍보라고 느끼지만, 지인이 올리는 글은 홍보가 아니라고 인식한다. SNS 글과 사진을 보고 매장에 찾아오게 하는 구전 마케팅이 이렇게 일어난다.

필자는 2015년 처음 가게를 열 때부터 SNS 이벤트를 중요하게 여겼고, 인기를 끌면서 많은 사람이 참여했다. 그 당시에는 '카카오스토리'를 통해서 많은 사람이 SNS 이벤트에 참여했지만, 현재는 카카오스토리 인기가 떨어져서 대부분 인스타그램 이벤트로 대체해 진행 중이다.

[ 자료 6-11 ] 필자가 운영했던 '홍콩비어'의 SNS 이벤트

외식업 외에, 홍대 근처에서 2017년부터 '소셜팩토리매니아'라는
매장을 운영 중이다. 주로 모임 장소나 강의장 대관 사업을 진행 중
이며, SNS 마케팅을 중요하게 여겨서 다음 사진처럼 거울을 둬 방문
객이 사진을 찍을 수 있도록 했다. 홍보해 달라고 요청하는 게 아니라
방문객이 경험을 통해 즐기고 자랑하고 싶게 하는 요소들을 마련해
놓으면, 고객이 영업 사원이 되어서 알아서 홍보해주는 것을 볼 수 있

[ 자료 6-12 ] 필자가 운영하는 '소셜팩토리매니아'의 인테리어

을 것이다.

생각해보자. 여러분이 맛집이라고 생각하는 그 매장이 인스타그램에 얼마나 많은 해시태그로 올라와 있는가? 블로그에 얼마나 많은 리뷰가 올라와 있는가? 우리가 유명하다고 생각하는 그 모든 것은 끊임없이 SNS에 올라오고 있다.

[ 자료 6-13 ] 필자가 운영하는 브랜드인 '피자래빗'의 네온사인 인테리어

좋아요 48개
▮▮▮ #마님온#@manim_on_
#아이돌핫아하나#스댕컵노노
#유리컵조아#머그잔조아
#베터지기일보직전🍫

좋아요 25개
▮▮▮ 아메리카노랑 크로플은 옳아요😊

#안양 #안양카페 #안양디저트 #안양디저트카페
#안양브런치 #안양브런치카페 #안양크로플
#마님온 #아이스아메리카노 #크로플
#디저트스타그램 #카페스타그램 #좋아요 #좋반
#일상 #coffee #daily

[ 자료 6-14 ] 고객을 통한 SNS 홍보 이벤트

인스타그램이나 페이스북 등 SNS에 사진을 올리는 것은 특히 젊은 이들 사이에서는 일상이 되었다. 자신이 멋진 곳에 방문했다는 사실을 자연스럽게 공개하고 다른 이와 공유하는 것이다. 매장을 보유한 자영업자들은 반드시 이 점을 이용해 구전 마케팅이 자연스레 펼쳐지도록 해야 한다.

홍보 비용을 다른 곳에 쓰지 말고 SNS에 우리 매장을 올려주는 고객에게 원가 기준의 음료나 상품을 제공하는 이벤트를 진행하면 자연스럽게 홍보가 되고, 공짜로 상품을 받는 좋은 경험을 한 고객이 재방문할 가능성도 커지니, 일거양득의 효과를 볼 수 있다.

　그리고 인스타그램을 좀 더 배달 매장 홍보에 유리하게 활용하려면, 비즈니스 계정으로 바꾸는 게 훨씬 좋다.

　위 사진의 인스타그램 프로필 하단을 보면, 음식 주문하기 버튼이 보일 것이다. 이 버튼은 일단 인스타그램을 비즈니스 계정으로 바꾸면 추가할 수 있다. 설정에 들어가 '행동 유도 버튼'을 터치하고 '음식 주문하기' 버튼을 추가하면 된다. 해당 버튼에 땡동, 배달의민족, 요기요 등 배달 주문 앱의 우리 매장 페이지를 링크하면, 방문자가 해

[ 자료 6-15 ] 인스타그램에 음식 주문하기 버튼 추가하는 방법

당 버튼을 터치 시 바로 배달 앱 주문 페이지로 이동할 수 있다.

'행동 유도 버튼 추가' 설정에서 음식 주문하기 외의 '지금 예약하기'와 '예약'이라는 버튼도 선택할 수 있으나 국내에서 서비스 중인 플랫폼은 아직 추가되어 있지 않아서 활용도가 떨어진다. '음식 주문하기' 탭에서도 현재 띵동, 배달의민족, 요기요로 한정적인 것은 아쉬운 점이다. 인스타그램 국내 사용자가 더 늘어난다면, 국내 사업자들을 위한 기능도 더 추가될 것이다.

중요한 SNS 마케팅 방법이 한 가지 더 있다. 스폰서 광고가 그것이다. 인스타그램의 경우 비즈니스 계정으로 변경하면 돈을 내고 광고를 진행할 수 있다. 유료 광고를 진행하면, 적은 비용으로도 많은 사람에게 노출되도록 할 수 있는 장점이 있다. 또한, 페이스북이나 인스타그램은 타기팅 광고가 가능하다. 지역, 성별, 연령대 등 원하는 사람들에게 광고를 노출하도록 설정할 수 있다.

비즈니스 계정으로 바꾼 후 홍보할 포스팅을 선택하고, 홍보하기를

누른 다음 목표를 설정한다. '더 알아보기'를 통해서 내 인스타그램에 들어오게 하거나 배달 앱 페이지 링크로 바로 보내도록 할지, 홈페이지나 다른 링크로 보내도록 할지를 설정할 수 있다. 그다음에는 광고를 보여줄 지역을 선택한다. 사진에서처럼 필자는 부천을 선택해 보았다. 이어서 누구에게 이 콘텐츠를 노출할지 타기팅한다. 이때 타깃의 성별과 나이를 설정한다.

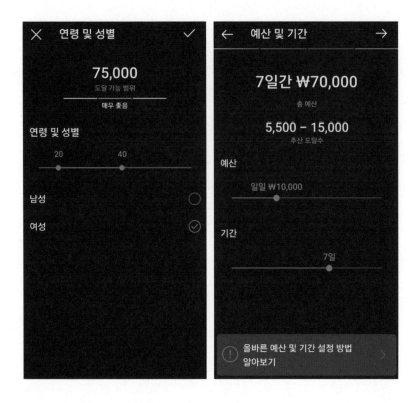

마지막으로, 광고 비용을 선택한다. 이미지에서 보면, 일주일 동안 1만 원씩 7만 원을 쓸 경우 5,500명에서 15,000명까지 노출 범위가 설정되는 것을 볼 수 있다. 물론 실제 노출 수준은 5,500명 정도로 생각하면 된다. 노출 범위를 최소로 생각하는 이유는 인스타그램에 공유 기능이 없어서 잘 퍼져나가지 않기 때문이다.

5천 명에게 전단을 길거리에서 나눠주려면 얼마나 비용이 들어갈까? 냉정하게 생각하면 불특정 다수에게 뿌리는 것이라서 비교가 어려울 수

[ 자료 6-16 ] 스폰서 광고 설정과 예시

는 있지만, 적은 수는 아니다. 이처럼 시간과 공간 제약이 없다는 점이 온라인의 가장 큰 매력이다. 가게를 오픈했거나, 특정 이벤트를 진행할 때 인스타그램 광고를 적극적으로 사용해보면, 매장에서 추진하는 오프라인 마케팅들과 함께 더 큰 시너지를 낼 것이다.

스폰서 광고의 장점은 노출된 비율에 따라 광고 비용을 받으므로 저렴한 비용으로 콘텐츠를 가망고객에게 노출할 수 있다는 것이다. 단점은 많은 사람에게 노출은 되지만, 아무도 구매하지 않을 수 있다는 점이다.

포스팅을 본 사람이 모두 구매 버튼을 누르지는 않는다. 배가 고프지 않거나, 메뉴가 마음에 들지 않는 등 그 이유는 다양할 것이다. 이처럼 불특정 다수에게 노출되다 보니 효과가 떨어질 수 있다. 다만, 인스타그램 광고를 기획할 때는 시각을 달리해야 한다. 장기적으로 많은 사람에게 노출함으로써 구매 확률을 높이는 것이라고 보는 게 적당하다.

덧붙여, 네이버 파워링크 광고는 SNS 광고보다 상대적으로 비용이 비싼 편이다. 이유는 해당 단어 검색 시 목적을 가진 대상에게 광고를 보여주기 때문이다. 말하자면, 네이버는 배고픈 사람에게 전단을 주는 개념이기 때문에 비용이 좀 더 비싸다고 보면 된다. 그러나 SNS 광고는 그저 특정 타깃을 정해 배고픔과는 상관없이 불특정 다수에게 노출하는 것이다 보니 비용이 상대적으로 저렴하다고 할 수 있다. 가능하다면, 둘 다 진행해보고 자신의 매장에 적합한 플랫폼을 중심으로 광고를 책정하는 것이 좋다.

이러한 방법 말고도 팔로워를 늘리는 전략으로 마케팅 계획을 세워도 좋다. 순수하게 각 SNS 팔로워가 많아질수록 찾아오는 사람도 늘어난다. 팔로워가 많아질수록 트래픽이 발생하게 되고 아무래도 더 많이 노출되므로 그만큼 매출이 오를 확률도 높아진다.

포스팅할 때 추천하는 방식은 음식점의 전문성이나 철학 등을 예쁜 사진과 함께 구성하는 것이다. 또, 적정한 해시태그를 잘 달아서 고객이 검색을 통해 유입되도록 한다.

[ 자료 6-17 ] 네이버 파워링크 광고

 

현재 인스타그램은 사진 10장, 동영상 1분, 해시태그 30개까지 포스팅 가능하니 참고하도록 하자.

포스팅에 관해 예를 들어 설명하겠다. 매일 피자 소스를 끓이거나 연구하는 모습 등 전문가다운 모습을 사진 찍어 포스팅하면 어떨까? 전문성을 중시하는 고객이 그 모습을 본다면, '저 사람이 만든 피자 한번 먹어보고 싶다'라는 생각이 들 것이다. 그러면서 그 생각은 직접 방문하거나 배달로 주문해 먹는 것으로 이어질 것이다.

결국, SNS는 사람들과의 관계를 형성하는 것이다. 사람을 향한 호감이 매장이나 브랜드에까지 영향 끼친다는 점을 잊지 말아야 한다. 그러므로 외식업을 운영하는 사람이라면, SNS 마케팅을 소홀히 해서는 안 된디.

특히 인스타그램은 누구나 손쉽게, 사진 한 장만으로도 마케팅할 수 있는 매력적인 SNS이다. 창업하기 전부터 미리 운영해서 팔로워를 확보해두자. 매장 오픈하는 모습부터 스토리텔링해 공개하면서 가망고객을 서서히 형성해가기를 바란다. 활발한 온라인 마케팅은 자영업 성공의 필수 요소이다.

# 마무리하며

긴 내용이었습니다. 필자가 서두에 말씀 올렸듯이 이 책이 장사를 시작하는 초보 사장님들, 그리고 지금 이 시각에도 매출을 어떻게 올릴까 고민하시는 사장님들에게 조금이나마 도움이 되었기를 희망합니다.

프랜차이즈 회사를 운영하면서, 현장에서 정말 많은 이야기를 듣습니다. 처음부터 세팅 자체가 잘못된 매장이라도 잘못된 마인드를 바꾸고 행동으로 옮긴다면, 어떤 매장이든 적어도 동네에서만이라도 유명해져 브랜드 가치를 지닌 곳으로 만들 수 있습니다. 성공의 길이라는 것이 절대 거창한 것이 아닙니다. 남들보다 늦게 시작했더라도 늦게 시작한 만큼 하고자 하는 업종에 미쳐 있으면 됩니다.

관종이 되어야 합니다. 남보다 튀어야 합니다. 남에게 아쉬운 소리도 할 줄 알아야 하고 고개 숙일 줄도 알아야 합니다. 그래야 여러분의 매장을 더 눈에 띄게 할 수 있고 돋보이게 할 수 있습니다. 그리고 그 이상으로 중요한 것은 사장인 자신이 변할 준비를 하는 것입니다. 변하지 않으면 지금의 모습 그대로 살 수밖에 없습니다. 변화하기 위해선 움직여야 합니다. 변화하려는 노력만이 살길입니다.

제가 운영하는 프랜차이즈 회사만 해도 본사 직원이 교육한 대로 변화해서 이전보다 나은 매출, 이전보다 좀 더 두둑해진 지갑을 만지게 된 분을 여럿 보았습니다.

웃음도 여유가 있어야 지어진다고 합니다. 당장 하루 살기도 버거워 웃을 여유조차 없다고 말씀하시는 자영업자를 많이 만납니다. 그렇다고 방문한 고객에게 영혼이 가출한 듯한 무표정으로 무의미한 인사말을 던지겠습니까? 그렇게 하면 여러분의 매장 별점 테러당하십니다. 낮은 평판은 결국 낮은 매출로 돌아온다는 것을 잊지 마세요! 현실이 그렇습니다.

고객과 소통할 능력이 없는 사장님들은 특히 배우고 변화해야 합니다. 그런 시도조차도 하지 않는 사장님들에게는 아무런 답이 없습니다. 마음의 여유가 없는 건 없는 것입니다. 장사 마감할 때 조금이라도 진짜 미소를 지으려면, 매장 안에서 웃을 줄 알아야 합니다. 매장 안은 언제나 즐거움이 가득해야 합니다. 그래야 조금씩 발전하는 가게로 만들어 갈 수 있습니다. 마음의 여유가 없어 웃지 않는 것이 아니라 웃지 않아서 마음의 여유도 생기지 않는 것입니다.

주문 중개 애플리케이션들과는 하루의 시작과 끝을 같이 하는 동반자가 되어야 합니다. 배달 전문 매장이 아니라도 배달 서비스를 하지 않고는 버틸 수 없는 세상이 왔습니다. 배달 시장의 변화에 능동적으로 대처하려면 배달 주문 중개 애플리케이션과 친해져야 하는 것은 물론이고 각 애플리케이션에서 제공하는 사장님들 공간에서 항상 소통해야 합니다. 게시글을 매일 읽고 받아들이기만 해도 좋습니다. 그 안에서 매일 변화하는 요식업계의 트렌드를 볼 수 있습니다.

'열정'과 '열의'라는 말, 그다지 좋아하는 말은 아닙니다. 이 글을 읽는 독자들은 적어도 열정과 열의가 충만한 분들일 것입니다. 살기 위해 이 책을 선택했을 테니 말입니다. 이 정도의 열정과 열의조차 없는 분들은 아직 장사할 때가 아닙니다.

1980년에 출판된 미래 예측서가 있습니다. 바로 앨빈 토플러(Alvin Toffler)가 지은 『제3의 물결』입니다. 무려 40년 전에 지은 책인데, 많은 부분 지금까지 사회 흐름과 정확하게 맞아떨어집니다. 그가 『제3의 물결』에서 설명한 제1의 물결, 제2의 물결, 제3의 물결, 모두 현실 흐름에 맞아떨어졌습니다. 『제3의 물결』에서 앨빈 토플러가 이야기하는 핵심 주제는 '고도로 발전된 전자 정보는 미래의 모든 부분에서 혁신적인 변화를 일으킬 것이다'입니다.

그는 이렇게 이야기했습니다.

'미래 사회에서의 변화는 탈선형화될 것이며, 이는 앞으로도 옆으로도 뒤로도 대각선으로도 뻗어 나가며 발전할 것이다. 이 변화에 적응하지 못하는 대상은 분명 도태될 것이다.'

앨빈 토플러는 이 책을 통해 급속도로 다가올 변화를 예측하고 이에 대비해야 한다고 이야기한 것입니다. 변화를 감지하지 못하고 옛날 방식만 고수하는 분들은 시대의 변화에 적절하게 대응하지 못해 스스로 도태될 수밖에 없습니다.

저는 이렇게 말하고 싶습니다.

'시장의 니즈와 트렌드를 파악하며 변화에 대비하고, 나 자신도 변화하자! 사통팔달처럼 수많은 변화 속에서도 내가 가고자 하는 길로 뻗어 나가자!'

매일 수많은 변화가 몰아치는 시대이지만 기회는 평등하며, 과정이 공정하다면 결과는 정의로울 것입니다. 주어진 일에 집중해서 펼쳐나가시기를 바랍니다.

마지막으로, 이 책을 읽은 여러분이 앞으로 조금 더 여유롭게 웃을 수 있기를 하늘에 떠 있는 구름 속에서 은은히 빛나는 별을 보며 소원을 빌어 봅니다.

## 오픈 체크 리스트

날짜:　　월　　일
오픈 담당:

| 구분 | 내용 | 확인(V) |
|---|---|---|
| 1 | | |
| 2 | | |
| 3 | | |
| 4 | | |
| 5 | | |
| 6 | | |
| 7 | | |
| 8 | | |

## 마감 체크 리스트

날짜:　　월　　일
마감 담당:

| 구분 | 내용 | 확인(V) |
|---|---|---|
| 1 | | |
| 2 | | |
| 3 | | |
| 4 | | |
| 5 | | |
| 6 | | |
| 7 | | |
| 8 | | |

## SWOT 분석표

| ▶ Strength(강점) | ▶ Weakness(약점) |
|---|---|
| ▶ Opportunity(기회) | ▶ SO 전략 | ▶ WO 전략 |
| ▶ Threat(위협) | ▶ ST 전략 | ▶ WT 전략 |

# 추천사

배달 서비스는 외식업에 있어 이제 선택이 아닌 필수가 되었다. 이 책은 배달 서비스를 처음 도입하는 가게도 바로 적용할 수 있도록 현실적인 내용을 담은 유용한 책이다. 젊지만 현장 경험이 풍부한 지현우, 정진수 대표가 쓴 글이기에 확실한 노하우를 제공하며, 흥미롭고 편하게 읽을 수 있는 보물 같은 책이다.

– 이재욱, 피자알볼로 대표


가맹점주를 위한 상생 마인드를 갖춘 프랜차이즈 기업의 대표로서 본인의 경험을 통해 얻은 통찰과 배달 장사의 노하우를 아낌없이 담아낸 책이다. 배달 장사를 하고자 한다면 반드시 이 책을 읽어보길 추천한다.

– 서민교, ㈜맥세스컨설팅 대표


요즘 배달 창업은 춘추전국시대로, 경쟁이 치열해 성공하기가 너무나 어려워졌다. 개인 창업이든 브랜드 창업이든 음식 조리, 상권 분석, 인테리어, 직원 관리, 매장 운영, 마케팅 등 너무나 많은 영역을 준비해야 한다. 하지만 준비해야 할 것은 많은데, 정보나 노하우는 제한적이다. 그러므로 이 책이 창업하는 사람들에게 등대 같은 역할을 해줄 것이다.
'혼자 가면 길이 되고, 함께 가면 역사가 된다.' 이 책을 통해서 우리 외식업 하는 모두가 역사가 되길 진심으로 바란다.

– 이기영, 기영에프앤비[두찜(두마리찜닭), 떡참(떡볶이 참 잘하는 집)] 대표


이 책에는 배달 장사를 시작하는 데 필요한 실질적인 내용이 구체적으로 담겨 있어 언택트, N잡러 시대에 발맞추어 배달 장사를 준비하는 모든 이를 성공으로 나아가게 하는 올바른 지침서가 될 것이다.

– 이근령, 치킨플러스 경인지사장

코로나-19의 갑작스러운 등장으로 배달 시장이 커지면서 너도나도 배달 장사에 뛰어들고 있는 실정이다. 비대면 시대가 되다 보니 배달 수요가 많이 늘어나기는 했지만, 배달 장사하는 모든 곳이 다 잘되는 것은 아니다. 배달 시장의 특성을 잘 이해하고 준비가 잘되어 있는 곳만이 충분한 매출을 올리고 있다. 이 책은 독자가 배달 시장의 특성을 이해하고 무엇을 준비해야 할지 명확히 알려주므로, 배달 장사하는 누구나 읽어야 하는 지침서가 되기에 충분하다.

- 정지상

㈜위드인푸드 걸작떡볶이치킨 부사장
㈜다움푸드 대표

이 책이 코로나-19의 여파로 힘든 하루하루를 보내는 외식업 자영업자 여러분과 외식 배달업에 종사하시는 모든 대표님에게 단비가 되는 한 권의 지침서가 되길 간절히 기도한다. 어렵게 쌓은 노하우가 하나하나 곱게 녹아들어 있어 이 책의 진심이 느껴진다. 그 고운 마음이 여러 자영업자에게 가닿아 희망의 씨앗이 되어 꽃피우길 바란다.

- 박종희

㈜쉐프스코리아 대표
KOTA by Dyun(압구정 코타바이던) 대표
한국관광대학교 겸임 교수

코로나-19로 인한 팬데믹 이후 배달 시장은 초고성장을 하고 있다. 많은 식당이 '배달'로 돌파구를 찾고 있지만, 누구나 성공하지는 못한다. 팽창하는 시장 이상으로 많은 사업자가 진입하고 있기 때문이다. 배달의 무한 경쟁이 시작된 것이다. 성공적인 비대면 외식사업을 위한 필승 마케팅 전략이 필요한 시기에, 이 책의 출간은 매우 시의적절하다. 이미 배달을 시작한 분도, 앞으로 배달을 시작할 분도 꼭 읽어보시라.

- 송윤호, ㈜CBC 그룹(종합 마케팅 컴퍼니 그룹) 대표

성공하는 비즈니스란 '고객의 생각을 미리 포착해내는 예측력'에 달려 있다. 따라서 사업하는 사람은 격변하는 시대 속에서 고객의 니즈를 만족시키기 위해 항상 고객의 작은 숨소리까지 신경을 곤두세우고 변화에 민감해야 하며, 유연한 자세로 내일을 준비할 수 있어야 한다. 저자는 이 책 속에서 성공을 갈망하는 자영업자들에게 '무엇을 어떻게' 해야 하는지 집요하고도 현실적인 대안을 제시하고 있다.

– 이혜정
㈜FEB.23 Inc. 대표
Philippines Coffee Board 상임 회원

"그럼에도 나아가라." 시대가 변했다. 시대가 변하면 사업의 수단과 방법도 변한다. 사람들과 소통하며 항상 상생을 주창하는 이 책의 저자 지현우 대표는 새로운 장사의 패러다임을 제시하는 뉴리더라 할 수 있겠다.
'현장 경험주의, 고객 중심주의', 식상하고 고리타분한 말이지만, 이 말의 참뜻을 이해는 사람만이 새로운 패러다임 속에서 생존할 수 있을 것이다. 이 책은 '언택트'라는 말이 우리 생활의 일부가 되어 버린 시대에 소상공인들이 나아가야 할 방향과 메시지를 주고 있다.

– 이학철
㈜IICE Inc. Philippines 대표
㈜Five-Boxes 커피 컨설팅 전임 대표 강사
Philippines Coffee Board 상임 회원

코로나-19로 인해 시대의 흐름이 바뀌었다. 특히 평범한 자영업자들에게 지금 이 시대의 흐름은 너무나 빨라 좇아가기 힘든 시대가 되었다. 이 책은 지금 급변하고 있는 시장의 미래와 방향성에 대해서 초보자들이 매우 쉽게 이해할 수 있게 집필된 책이다. 지금 힘든 시간을 보내고 있는 대한민국의 모든 자영업자에게 꼭 필요한 책이 아닐까 싶다.

– 안규호, 안대장TV 18만 유튜버